W0058673

HANS CHRISTIAN MEISER

ALS WÄR'S DAS LETZTE MAL

24 ANREGUNGEN FÜR EIN TODESMUTIGES LEBEN

Dem Gedenken
an meinen Vater,
der die Vergänglichkeit allen Seins
viel zu früh
kennenlernen musste
-
doch wer weiß,
vielleicht
ist ja alles ganz anders …

Wie ist das klein, womit wir ringen
Was mit uns ringt, wie ist das groß

Rainer Maria Rilke

Flames to dust, lovers to friends
Why do all good things come to an end?

Nelly Furtado, All Good Things (Come to an End),
Geffen Records 2006

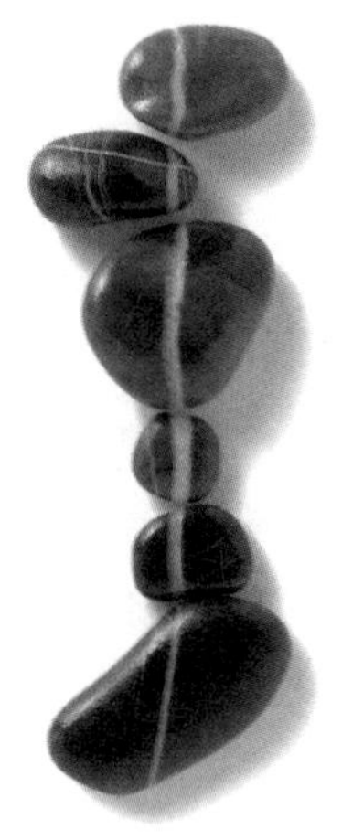

	VORWORT	6
I	DAS WESEN DES WANDELS	12
II	RESTLAUFZEIT	19
III	WAS WIRKLICH WICHTIG IST	26
IV	NICHTS IST, WIE ES SCHEINT – NICHTS BLEIBT, WIE ES IST	33
V	DIE LINIEN DES LEBENS	43
VI	DER LAUF DES SCHICKSALS	50
VII	WENN SICH DIE TÜRE SCHLIESST	57
VIII	DER JAHRESKALENDER	63
IX	WIE PROBLEME KLEINER WERDEN	69
X	„LASS DEIN LEBEN LACHEN!“	73
XI	DIE ZERRINNENDE ZEIT	79
XII	DAS LETZTE MAL	83
XIII	„WENN ICH WÜSSTE...“	93
XIV	WORUM ES IM LEBEN GEHT (TEIL 1)	100
XV	WAS VON UNS BLEIBT	106
XVI	NIE MEHR UND NIE WIEDER	112
XVII	IM RHYTHMUS DES SEINS	119
XVIII	DIE KUNST DER INNEREN ACHTSAMKEIT	124
XIX	BEGEGNUNG MIT DER EWIGKEIT	130
XX	BEWUSSTES STERBEN	134
XXI	DIE ZEIT UNSERES LEBENS	141
XXII	DIE LETZTEN DINGE ORDNEN	146
XXIII	DER MUT ZUM LEBEN	153
XXIV	WORUM ES IM LEBEN GEHT (TEIL 2)	157

ANSTELLE EINES NACHWORTS 166

ANHANG 168

DIE 24 ANREGUNGEN FÜR DAS BEWUSSTSEIN 168

UND GANZ ZUM SCHLUSS (... ES KÖNNTE AUCH EIN ANFANG SEIN ...) 170

ORGANSPENDEAUSWEIS 171

DANK 172

VORWORT

Als ich 27 Jahre jung war, schrieb ich ein Loblied auf das Alter: *Die wilden 80-jährigen* hieß mein Buch mit dem Untertitel *Manifest für ein Leben ohne Grenzen.* Jetzt, in der Lebensmitte angekommen, beschäftigt mich die Frage, was das Älterwerden für mich persönlich bedeutet. Immer öfter überkommt mich das Bedürfnis, mich zurückzuziehen und über das nachzudenken, was sich in den letzten Jahrzehnten ereignet hat. Was prägte mich, welche Träume erfüllten sich und welche zerplatzten? Welche Beziehungen durfte ich erleben und erfahren, was widerfuhr mir an Positivem und Negativem, an Schönem und Schrecklichem, und was habe ich daraus gelernt? Ich möchte über meine noch lebenden und bereits verstorbenen Familienangehörigen nachdenken, über Liebesfreuden und Liebesleid, über Freunde und Bekannte. Wer waren oder sind diese Menschen, wie standen oder stehen sie zu mir und wie stand oder stehe ich zu ihnen? Zudem will ich über meine verpassten Chancen und realisierten Möglichkeiten reflektieren. Und ich möchte mich mit denen beschäftigen, die schon gestorben sind, und jenen, die mich verließen, weil ich sie enttäuschte – allein, ich finde nicht die Zeit dafür. Weiter, immer weiter hetze ich auf meinem Lebensweg – wie es fast alle in meinem Alter tun. Und sollte ich eines Tages tot umfallen, dann habe ich zwar intensiv gelebt, aber gewiss nicht mit jenem erweiterten Bewusstsein, das ich so gerne in meiner publizistischen Arbeit propagiere.

Heute Morgen ist etwas Sonderbares geschehen: Ich blickte auf ein Paar Schuhe, das ich zu tragen vorhatte. Da kam mir in den Sinn, dass ich es eines Tages nicht mehr anziehen würde bzw. dass diese Schuhe ohne ihren Besitzer würden auskommen müssen. Wie ich sie so allein dastehen sah, ohne ihrem Zweck dienlich zu sein, erinnerte ich mich wieder daran, wie ich mich fühlte, als ich die Habseligkeiten von Otto Mainzer „entsorgen" musste. Der in Deutschland geborene und nach Amerika emigrierte Schriftsteller hatte über viele Jahre den Sommer in der Schweiz, in Zermatt, verbracht. Als er gestorben war, bat mich seine in New York lebende Witwe darum, die persönlichen Gegenstände, die noch in der Ferienwohnung waren, zu begutachten. Was sollte behalten werden, was verschenkt, was weggeworfen? Ottos Brille – welch sonderbares Gefühl überkam mich, als ich diese Gläser, durch die er mich noch vor Kurzem angeblickt hatte, in der Hand hielt, und mir bewusst wurde, dass ihr einstiger Besitzer sie nie wieder tragen würde. Nicht anders erging es mir beim Anblick seines Spazierstocks, mit dem er seine erholsamen Wanderungen in der Walliser Bergwelt unternommen hatte; oder angesichts seiner alten Reiseschreibmaschine, auf der er Jahr für Jahr die Korrekturen für seine Bücher und seine Briefe an die Verlage und an mich getippt hatte. Nun stand sie verwaist in einer Ecke – ohne den Genius, der sie einst bedient hatte. *Jeder Nagel wird älter als wir* – es war der von seiner Kirche geschasste Priester und Psychotherapeut Eugen Drewermann, der dies in einer Folge meiner Fernsehtalkshow *Menschen-Kunde* sagte.

Mit diesem Thema werde ich mich im Folgenden beschäftigen: Es geht um die Vergänglichkeit und um die Frage, wie wir mit der ungeheuerlichen Tatsache umgehen sollen, dass wir eines Tages die Welt genauso nackt verlassen müssen, wie wir in sie hineingeboren wurden. Nur wenn wir zuerst über diese Frage nachsinnen, können wir später auch die Antwort, worum es eigentlich im Leben geht, finden. Dies gelingt allerdings nur, wenn wir uns vergegenwärtigen, dass wir alles, was wir tun, mit Sicherheit ein letztes Mal tun, ohne es freilich – in den meisten Fällen zumindest – zu wissen. Was aber wäre, wenn wir es wüssten …? Oder wenigstens ab und an daran dächten, dass es für alles ein erstes, aber eben auch ein letztes Mal gibt? Wir sind uns – vielleicht zum Glück – zwar nicht permanent darüber im Klaren, dass alles irgendwann einmal endet, dass sich der Augenblick nicht festhalten lässt und dass wir uns wohl gelegentlich die Frage nach dem Sinn unseres Tuns und unseres Daseins stellen, diese aber meist unbeantwortet lassen; doch wir können uns diesem – uns alle überwölbendem* Thema – auch völlig vorurteilslos zuwenden.

Otto Mainzer gehörte übrigens zu den acht *wilden 80-jährigen,* die ich damals in dem oben erwähnten Buch porträtierte. Meine Erkenntnis war dabei folgende: Die eine Hälfte der dargestellten Personen hatte im Alter begonnen, ihre künstlerische Kreativität zu entdecken und damit an die Öffentlichkeit zu gehen, die andere hatte diese Form der Selbstverwirklichung zwar schon länger gelebt, aber der wahre Erfolg kam erst mit dem Alter. Alle acht Persönlichkeiten hatten mir unisono gesagt, dass sie durch ihre Kreativität ihr gesamtes Leben als äußerst erfüllt ansahen. Daraus schloss ich als junger Mensch, der ich damals war, dass gerade in dieser Schaffenskraft, und zwar besonders im Malen und Schreiben, etwas liegt, das dem Menschen das gibt, was er als Erfüllung begreift. Heute weiß ich, dass dies nicht die einzigen Felder sind, durch die ein solches Empfinden möglich wird, und mir ist auch klar, dass die finanzielle Lage bei der Frage nach einem erfüllten Leben eine äußerst wichtige Rolle spielt. Wie eine große Untersuchung ergeben hat, sterben Menschen, die unter Altersarmut leiden, früher als solche, deren Geld für das reicht, was man gemeinhin ein gelungenes Leben nennt.

Ich möchte in diesem Buch deshalb zum einen der Frage nachgehen, was das Leben erfüllt und wie und wo wir diese Erfüllung finden; zum anderen möchte ich wissen, wie dies angesichts und trotz der Tatsache geschehen kann, dass wir der Vergänglichkeit tagtäglich ins Auge blicken müssen – ob wir dies wollen oder nicht. Denn unser Leben ist geleast, es gehört uns nicht. Wir haben es lediglich für eine bestimmte Zeitspanne geliehen und müssen es irgendwann zurückgeben. Juristisch gesehen würde man sagen, dass wir der Inhaber sind, nicht aber der Eigentümer, und dass der Vertrag, in dem die Übereignung und Rückgabe des Gutes, das uns geborgt wurde, eine gewisse Lauf- und somit auch eine „Restlaufzeit" hat. Das Wirtschaftslexikon versteht unter diesem Begriff die *verbleibende*

**Dieses schöne Verbum las ich bei Heimito von Doderer*

Laufzeit von Forderungen oder Verbindlichkeiten bis zu ihrer Endfälligkeit. Genau darum geht es:
a) dass wir erkennen, dass uns nichts wirklich gehört, weil wir es immer irgendwann (und irgendwem) zurückgeben müssen,
b) dass wir gerade durch das Bewusstsein, dass alles begrenzt ist, fähig werden, den Wert dessen, was wir vorübergehend besitzen dürfen oder durften, zu erfahren. Mit anderen Worten: dass wir den Zauber, der dieser Vergänglichkeit innewohnt, erkennen können.

Am Ende eines jeden Kapitels findet sich als Zusammenfassung und Weiterführung der geäußerten Gedanken eine *Anregung.* Diese soll dazu dienen, das Bewusstsein darüber aufzuklären, was im Leben wirklich wichtig ist. Sie soll den Leser aber gleichzeitig dahin gehend beeinflussen, die Tatsache, dass alles irgendwann einmal endet, zwar als gegeben anzuerkennen, sie aber dennoch als vorübergehend zu verstehen. Denn auch das Vergängliche ist selbst vergänglich (deshalb spreche ich von einem *trotzdem* geglückten oder „todesmutigen" Leben), was nichts anderes heißt, als dass aus dem Nichts wieder ein Etwas entstehen wird. So will es offenbar das Gesetz des Lebens, das uns und allen Lebewesen von wem auch immer implantiert worden sein mag – ob von Gott, dem Zufall, der Natur oder dem reinen Geist.

Vielleicht erwartet der eine oder andere von Ihnen bei den Anregungen konkrete Handlungshinweise. Ich muss Sie in diesem Punkt nicht enttäuschen, denn meine Aufgabe ist es, Ihr Bewusstsein für das Thema zu schärfen, damit Sie selbst aktiv werden und – je nach Veranlagung – Ihr Tun überdenken und Ihr künftiges Leben danach ausrichten; deshalb findet sich nach dem *Was* der Anregung jeweils auch das *Wie* in Form einer besonderen, zielführenden Aufgabe oder Übung. Diese dient dazu, das Gesagte in die Praxis umzusetzen, es sozusagen am eigenen Leib zu erfahren und somit dem Anliegen des Buches gerecht zu werden, das (auch) eine Reise zu einer neuen Freiheit im Umgang mit sich selbst und anderen ist. Ganz zum Schluss gibt es dann eine Aufforderung, der sich hoffentlich niemand von Ihnen entziehen wird, denn mithilfe *dieser* konkreten Handlungsweise sind Sie tatsächlich in der Lage, der Vergänglichkeit für immer ein Schnippchen zu schlagen …

Wenn wir das Wesen von Werden und Vergehen, von Leben und Tod und somit das der Vergänglichkeit verstanden haben, werden wir in der Lage sein, diese Erkenntnisse für unser Dasein fruchtbar zu machen, sodass wir nicht länger mit *den Umständen* hadern müssen. Wir begreifen dann, dass *wir* die Umstände zu dem machen, was sie sind. Wir erkennen, dass wir nicht unter ihnen leiden müssen, da wir nunmehr allem, was sich ereignet, einen positiven

Sinn abgewinnen können. Alles Negative verliert seinen Schrecken, denn wir lernen, dass nur der Wandel bleibt. Das gilt freilich auch für das Positive. Auch dieses währt nicht für immer. Die Achterbahnfahrt des Lebens, die Sinuskurve des Daseins führt uns nach oben und nach unten, daran können wir nichts ändern. Doch was wir sehr wohl ändern können, ist unsere Einstellung zu dem, was uns nicht gefällt. Wir vermögen es in anderem Licht sehen zu lernen, sodass wir schließlich selbstbestimmt unser Leben vollziehen werden – zum Besten für uns und zum Wohle aller Wesen. Dadurch erfahren wir jene Harmonie in uns, durch die wir dauerhaftes Glück kennenlernen dürfen. Und was anderes wollen wir?

Wir werden auf unserer Reise durch den Text, in dem das Thema von den unterschiedlichsten Blickwinkeln aus beleuchtet wird, verstehen lernen, dass es kein wirkliches Ende gibt (eventuelle Wiederholungen bzw. Ähnlichkeiten sind hierbei beabsichtigt und notwendig, um die Zusammenhänge besser zu erkennen). Wir werden sehen, dass wir uns in einem Kreis, der keinen Anfang kennt und auch kein Ende, bewegen – und der letztlich auch gar kein Kreis ist, sondern vielmehr eine Kugel. Nach tibetischer Vorstellung ist dies unser Bewusstsein, das etwa eine Handbreit unter dem Nabel seine Heimat hat, und durch gezielte Übung dazu gebracht werden kann, auch außerhalb unserer Begrenzungen zu existieren. Darüber werden wir später mehr erfahren. Zunächst möchte ich Sie aber einladen, sich mit mir auf eine abenteuerliche Fahrt zu begeben, von der Sie anders zurückkehren werden, als sie aufgebrochen sind. In diesem Sinne: *bon voyage, happy end* und (eventuell, wer weiß das schon?) *happy return*!

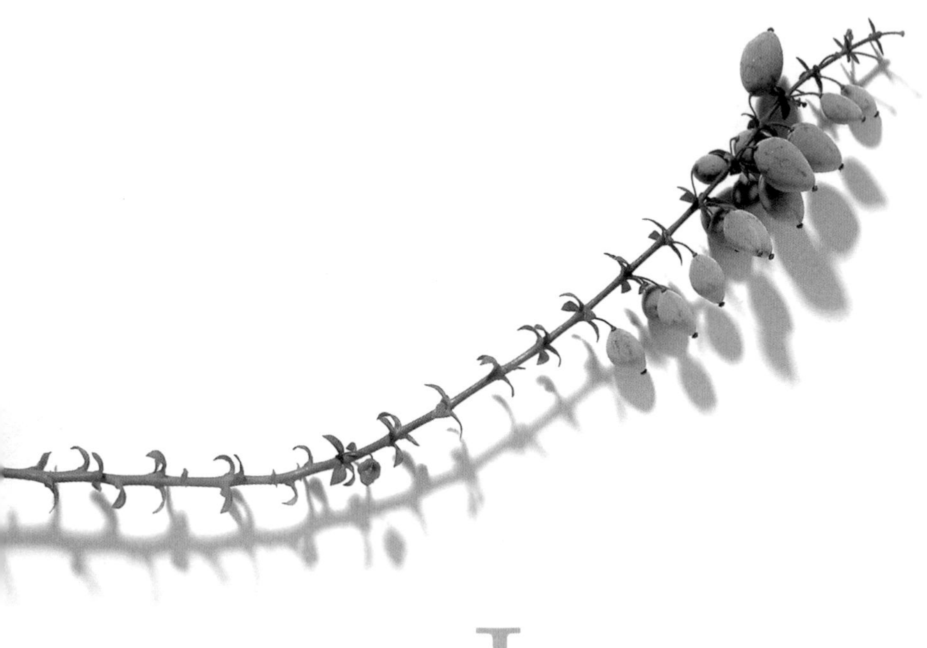

I

DAS WESEN DES WANDELS

Dieses Buch möchte Ihnen keine Angst machen. Im Gegenteil: Wenn wir uns jetzt mit dem Thema der Vergänglichkeit beschäftigen, steht dahinter eigentlich der Wunsch, dass wir gemeinsam etwas über die Art und Weise, wie wir unser Dasein erfüllen können, lernen. Mit der Vergänglichkeit geht aber auch die Beschäftigung mit dem Tod einher, und ich wage zu behaupten, dass wir das Leben erst dann verstehen können, wenn wir ihn begriffen haben – falls dies überhaupt möglich ist.

Auf einem Werbeplakat in der U-Bahn las ich kürzlich folgenden Satz: *Wer einmal den Löffel abgibt, bekommt ihn nicht mehr wieder.* Darunter stand etwas kleiner: *Das Leben ist nicht fair.* Erstaunlicherweise wurde hier für Eiscreme geworben. Ich weiß nicht, ob diese Form der Kundenkommunikation bezüglich der Verkäufe sehr wirksam war – ich jedenfalls kaufte kein Eis, sondern dachte nur daran, dass die Metapher vom Löffelabgeben doch sehr interessant ist. Denn mit dem Löffel nehmen wir Nahrung zu uns, ohne die wir nicht leben könnten. Kein Löffel – keine Nahrung. Keine Nahrung – Tod. Dies scheint der Satz in anderem Kontext ausdrücken zu wollen, wobei Löffel natürlich für Besteck an sich steht. Nun könnten wir aber auch ohne ein solches auskommen, doch es soll wohl unsere Fähigkeit zur Kultur repräsentieren. Ein anderer Gedanke ist der, dass wir Totes essen müssen, um überhaupt leben zu können. Der Unterschied zum Tier besteht darin, dass die meisten von uns nicht töten, um zu überleben, sondern dass sie ihre Lebenszeit durch Arbeit gegen Geld eintauschen, mit dem sie sich dann das (Tote) kaufen, was sie am Leben erhält, bis sie selbst tot sind. Sonderbar, nicht wahr?

Und das soll dann alles gewesen sein? War's das? Mehr gibt's nicht? Geduld, es gibt mehr. Hilfreich ist schon einmal der Gedanke, dass es kein Ende gibt, ohne dass etwas Dahinterliegendes existierte. Das heißt für die Vergänglichkeit und den Tod, dass es *danach* etwas geben muss, sonst könnten wir das Ende gar nicht denken. Natürlich wissen wir (noch) nicht, was dies sein mag, aber es stimmt zumindest zuversichtlich, dass möglicherweise unser Dasein mit dem Tod *nicht* endet. Vielleicht beginnt es ja dann auch erst wirklich. Vielleicht leben wir in einem Traum, und im Erwachen verstehen wir, was wir eigentlich sind. Der *Schmetterlingstraum* des chinesischen Weisen Dschuang Dse drückt diesen Gedanken wie folgt aus: *Dschuang Dse träumte einst, ein Schmetterling zu sein, der glücklich umherflatterte und nichts wusste von jemandem, der Dschuang Dse hieß. Doch als er aufwachte, erkannte er, dass er Dschuang Dse war. Nun wusste er nicht, ob er geträumt hatte, ein Schmetterling zu sein, oder ob der Schmetterling geträumt hatte, dass er Dschuang Dse sei – obwohl doch zwischen beiden sicherlich ein Unterschied bestand.* Und die Geschichte schließt mit den Worten: *So ist es mit der Wandlung der Dinge.*

DIE SEELE DES SCHMETTERLINGS

Niemand weiß, wer er ist – und zwar ein Leben lang. Wer meint, sich zu kennen, irrt. Wer einem anderen sagt: „Dich kenne ich", nimmt ihm die Chance zur Weiterentwicklung, fesselt ihn, tötet ihn. Es ist sonderbar, dass man überhaupt in der Lage ist, nach seiner Identität zu fragen. Denn das „Wer bin ich?" setzt ja voraus, dass da jemand ist, der dies fragen kann. Warum aber weiß derjenige, der fragt, nicht, wer er ist? Weil es keine festgelegte Größe für dieses Ich gibt. Und weil eben dieses Ich sich ständig wandelt, ohne dies aber direkt wahrzunehmen. Wir ahnen zwar, wer oder was wir sind oder auch wer oder was wir sein könnten, doch den wenigsten gelingt es, diese Erkenntnis im Leben umzusetzen. Meist sind es die „Umstände", die einen daran zu hindern scheinen, die Grenzen, die man sich selbst gesteckt hat oder in die andere uns gepfercht haben. Hinter der Grenze aber gibt es etwas, das wir zu erlangen trachten, wozu wir jedoch oftmals nicht den Mut oder die Fähigkeit haben. Auch wenn prinzipiell alles möglich ist, so bilden wir uns ein, für diese oder jene Aufgabe nicht geeignet oder zu schwach zu sein – oder welche Ausrede uns immer hierzu einfallen mag. Der Grund dafür liegt in der generellen Schwierigkeit, uns aus dem, was wir als Sicherheit begreifen, zu schälen, um dem Unbekannten entgegenzutreten.

Das Unbekannte macht Angst. Wir fürchten es, weil wir keine Erfahrung im Umgang mit ihm haben. Also verzichten wir lieber von vornherein auf die Begegnung mit ihm und ziehen es vor, eingehaust zu sein. Auf diese Weise aber bleiben wir individuell wie kollektiv in unseren Grenzen stecken und können uns selbst nie wirklich kennenlernen. Denn gerade hier vermeiden wir die Begegnung mit uns selbst – da wir fürchten, enttäuscht zu werden. Lieber flüchten wir uns in belanglose Vergnügungen. Wer würde heute Abenteuer des Geistes auf sich nehmen und z.B. vier Wochen lang schweigen? Oder sich zwei Monate auf eine unbewirtschaftete Almhütte zurückziehen – ohne die Segnungen der Moderne? Wer würde aus seinem Alltag aussteigen wollen oder können, um einen Obdachlosen bei sich zu Hause aufzunehmen? Wir befriedigen unser bürgerliches Gewissen mit einigen Almosen, verweisen auf die, die diese Nächstenliebe professionell betreiben, und sonnen uns weiter in unserer Selbstgerechtigkeit. Doch gerade deshalb werden wir es nie schaffen, uns selbst richtig kennenzulernen, eben weil wir die Konfrontation mit uns selbst meiden. Wir wollen bleiben, wie wir sind, nicht werden, wie wir sein könnten. Deshalb agieren wir gegen das Leben, dessen tiefstes Geheimnis darin liegt, dass es sich ständig wandelt. Das gilt für das Universum genauso wie für unseren Planeten, für die Atome, die sich in ihrer Zusammensetzung permanent ändern, und letztlich für alles, was ist. „Tempora mutantur et nos mutamur in illis" – die Zeiten ändern sich, und wir ändern uns in ihnen, wie es bei den Römern hieß. Somit könnten wir, wenn wir es zulassen, durchaus dem Schmetterling in seinen verschiedenen Phasen gleichen: Entstehung – Entbindung – Entfaltung – Entwicklung – Entgrenzung. Interessanterweise heißt das altgriechische Wort für Schmetterling psyché! Hätte Dschuang Dse das gewusst …

Wandlung ist also das Prinzip, welches das Leben bestimmt. Alles wandelt sich – von jenem Augenblick, in dem es in Erscheinung tritt, bis zu dem Moment, in dem es nicht mehr ist, und selbst danach noch. Wir werden mit jedem Atemzug älter, bis wir sterben, wir werden aber auch mit jedem Tag erfahrener und – hoffentlich – auch klüger. Fast ist es, als wären wir nur die Marionette eines großen Zauberers. Ein Zauberer verzaubert, verwandelt also. Wir alle werden verwandelt und wandeln uns. Dieser Gedanke hat etwas Beruhigendes für unser Leben. Es wird gewiss nicht langweilig, weil eben nichts bleibt, wie es ist. Daraus ergibt sich, dass wir stets zum Handeln aufgefordert sind. Und hieraus wiederum erklärt sich, weshalb der Mensch überhaupt etwas tut, sich also mit allem weiterentwickelt, was er bislang hervorgebracht hat – vom Rad bis zum Flachbildschirmfernseher. Eine reife Leistung, welche die Dinosaurier nicht geschafft haben! Insofern nehmen wir im Reich des Lebendigen in der Tat eine Sonderstellung ein, weil niemand außer uns in der Lage wäre, z. B. einen sich selbst reinigenden Backofen zu erfinden. Es muss uns als Gattung also nicht bange sein. Wir werden *das Ding schon schaukeln!* Dafür müssen wir aber fit sein. Fit im ursprünglichen Wortsinne, nämlich in dem von *anpassen, angleichen*. Es überlebt nämlich nicht der Stärkste (falsche Übersetzung von Darwins *Survival of the fittest!*), sondern der, der am ehesten in der Lage ist, sich wandelnden Bedingungen anzupassen. Egal ob sie – stets selbstverursachter – klimatischer, finanzieller oder anderer Natur sind. Ein Chamäleon-Prinzip gewissermaßen, das *fit für das Leben* macht! Um das zu verstehen, *müssen wir zunächst erkennen, dass wir sind. Danach, dass wir es sind, die diese Erkenntnis haben. Und schließlich, dass wir sind.*

In diesem *sind* verbirgt sich unser Sein, das wiederum unser Da-Sein darstellt, welches unser Hier-Sein in sich birgt. Erscheint das zu philosophisch?
Dann ein bisschen einfacher: Wir leben, denken aber selten darüber nach, was Leben eigentlich bedeutet. Heißt es: geboren werden, in die Schule gehen, eine Ausbildung machen, arbeiten, eine Familie gründen und schließlich sterben? Ist es das, was wir alle wollen – weil es die meisten tun? Oder gibt es noch eine andere Dimension, die wir nur noch nicht entdeckt haben? Ja, es gibt sie, doch sie ist nicht so einfach zu finden. Vor allem ist sie nur im Umkehrschluss, also von der dem Leben abgewandten Seite her, zu begreifen. Diese Seite heißt *Vergänglichkeit und Tod.* Erst wenn wir uns mit ihr beschäftigen, können wir verstehen, was mit Leben eigentlich gemeint ist. Aber gerade deshalb haben wir unsere Reise in die Tiefe des Daseins ja gerade begonnen. Und ich verspreche, dass wir am Zielort freudiger gestimmt sein werden als bei unserem Aufbruch …

ANREGUNG 1

WAS: *Es gibt nichts, was bleibt. Wenn aber alles vergänglich ist, ist es auch die Vergänglichkeit selbst. Wenn nichts bleibt, wie es ist, so hilft es wenig, das Flüchtige festhalten zu wollen. Freiheit erfahren wir nur, wenn wir loslassen. Wer klammert, wird den Schmerz des Abschieds, des Eines-Tages-loslassen-Müssens, nur umso stärker erleben. Erst wenn wir uns schon im Vorhinein verabschieden, erleben wir, dass und wie sich alles fügt – weil wir nichts mehr wollen, weil nicht mehr unser Wille geschieht, der uns bislang durch das Dasein trug. Nun ist es eine andere Kraft, die wir freilich nicht kennen, vor der wir aber keine Angst zu haben brauchen.*
Worum es im Leben eigentlich geht, das merken wir jetzt wie von selbst. Wir erfahren die Freude, die wir schon immer gesucht haben, die uns aber immer wieder entglitt, nunmehr dauerhaft und sind frei von Kummer und Leid. Wir finden unseren Sinn im Dasein für andere, genauso wie diese ihren Sinn im Dasein für uns finden. Hieraus entsteht jene Harmonie, die man erlebt, wenn man mit sich und der Welt im Reinen ist.

Ich verstehe die Einmaligkeit meines jetzigen Daseins und freue mich deshalb an jedem Tag.

WIE: *Jeder weiß, dass die Strandburg, welche von Kindern gebaut wurde, bald wieder von den Wellen des Meeres zerstört wird, sodass nichts mehr an sie erinnert. Das Gleiche gilt für die Beziehung zwischen Schneemann und Frühlingssonne – und letztlich für alles, was existiert. Nur wir selbst wollen dies nicht wahrhaben. Um Ihre Einmaligkeit besser zu verstehen, können Sie nun Folgendes tun:*

Treten Sie in Ihrem Badezimmer vor den Spiegel, betrachten Sie sich und löschen Sie dann das Licht aus (falls das Bad ein Fenster hat, verdunkeln Sie es vorher). Versuchen Sie nun weiterhin, sich selbst zu sehen.

Blicken Sie am Ufer eines stillen Sees auf Ihr Spiegelbild im Wasser. Werfen Sie nun einen Stein in den See. Schauen Sie den Kreisen zu, wie sie sich immer weiter ausdehnen, bis sie mit dem restlichen Wasser wieder eins werden. Treten Sie dabei immer weiter vom Ufer zurück. Auf ähnliche Weise wird sich unser Abschied vom Leben vollziehen.

Zählen Sie Dinge, die Sie besessen haben. Wählen Sie dabei ganz unterschiedliche aus. Fragen Sie sich nun z. B.: Wie viele Autos habe ich bisher gefahren – und wie viele werden es wohl noch sein? Wie viele Fernseher habe ich in meinem Leben schon gekauft? Wie oft werde ich das wohl noch machen? Schreiben Sie die Fragen und Antworten unter der Überschrift „Mein Leben in Zahlen" auf. Hierdurch machen Sie sich nicht nur ihr Konsumverhalten bewusst, sondern auch, dass es irgendwann einen letzten Kauf dieses oder jenes Gegenstandes gibt – und dass Sie nicht wissen werden, dass es das letzte Mal ist.

Versuchen Sie die Einmaligkeit Ihrer Handlungen, Ihres Tuns zu erkennen und zu verinnerlichen.

II

RESTLAUFZEIT

Wenn man 52 geworden ist – und statistisch gesehen – etwa mit 85 Jahren sterben wird, dann hat man noch ca. 12.000 Tage zu leben. Davon verbringt man – gesamtheitlich betrachtet – 4000 mit Schlafen, 4000 mit Arbeitsprozessen, 1000 mit Nutzlosem wie z.B. Ärger mit dem Vermieter oder Ähnlichem. Es bleiben einem also noch 3000 Tage Zeit, um etwas „aus seinem Leben zu machen“, es sinnvoll zu gestalten. Dann ist es vorbei. Noch drastischer ausgedrückt: 3000 Tage sind ca. 100 Monate; 100 Monate sind ca. 33 Sommer, geht man davon aus, dass ein Sommer drei Monate währt. Man hat also noch 33 Sommer vor sich. Wenn man Glück hat …

Ein Freund, mit dem ich mich über diese zugegebenermaßen etwas sonderbare Vorstellung unterhielt, setzte noch Folgendes hinzu: *Stell dir vor, du verwendest jeden Monat eine neue Zahnbürste. Im Jahr also zwölf. Das sind in 33 Jahren 396 Zahnbürsten. Die passen in einen Karton, der vielleicht so groß ist.* Er zeichnete die Umrisse einer relativ kleinen Schachtel in die Luft und fuhr fort: *Was würdest du sagen, wenn ich dir diese Schachtel zu deinem Geburtstag schenken würde – mit den Worten: ‚Das ist der Rest deines Lebens, mach was draus!'?*

Einige Tage später war ich Gast bei der Geburtstagsfeier einer Bekannten. Sie war gerade 60 geworden. Ihr Bruder überreichte ihr ein ein Meter langes Maßband, das er dort, wo die 60 aufgedruckt war, mit einer Schere abschnitt. Dann überreichte er ihr die restlichen 40 Zentimeter und sagte: *Wenn du hundert werden willst, dann pass gut auf, was du damit machst.*

Wer in den 70er-Jahren groß geworden ist, erinnert sich wahrscheinlich noch an ein Plakat mit dem Spruch *Today is the first day of the rest of your life!* Dieser Satz war eines der Credos der 68er-Generation und sollte zu der Vorstellung veranlassen, dass nur ein Leben im *Hier und Jetzt* sinnvoll sei, dass es also völlig unnötig sei, sich mit Fragen nach Zukunft oder Vergangenheit auseinanderzusetzen. Wichtig sei allein die Gegenwart.

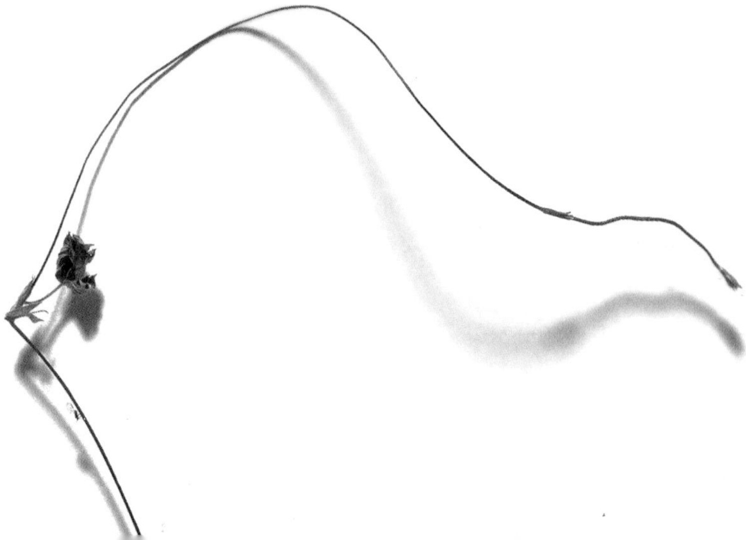

Die Erkenntnis, *dass heute der erste Tag vom Rest deines Lebens ist,* gilt natürlich schon vom Augenblick der Geburt an, aber die Vorstellung wird mit zunehmendem Alter immer deutlicher. *Glück kann man nicht kaufen, aber leasen,* verspricht der Werbeslogan eines Autoherstellers. Er hat recht. Doch er sagt nicht, dass der Leasingvertrag irgendwann einmal ausläuft; er verschweigt also das Vorhandensein einer Restlaufzeit.

Es gibt Bücher, die tragen Titel wie *1000 Places to see before you die* oder *101 Dinge, die du getan haben solltest, bevor du alt und langweilig bist* oder *101 Orte, an denen Sie Sex haben sollten, bevor Sie sterben.*
Alle diese Werke suggerieren, dass das Leben irgendwann vorbei sein wird und dass man doch – bevor dieses nicht mehr umzukehrende Faktum des Endes eingetreten ist – möglichst viel erleben, sehen, unternehmen sollte. Die Frage, ob es sich dann leichter stirbt, wird nicht beantwortet. Doch möglicherweise verhält es sich so, dass man gerade dann, wenn man all das Gepriesene und Verheißene in sich aufgesogen hat, den Abschied für immer umso schmerzhafter erfährt. Soll man also lieber nichts tun und auf das Ende warten?

Die Frage nach der Vergänglichkeit impliziert die Frage nach dem Sinn des Lebens und somit auch die nach dem Sinn des Todes. Warum sollen wir überhaupt etwas beginnen, wenn es ohnedies irgendwann einmal nicht mehr sein wird? Eine erschreckende Frage, die zeigt, wie wenig wir auf das, was da kommen wird, geistig, seelisch, spirituell vorbereitet sind. Es gibt freilich Ausnahmen, die zwar heiter, aber letztlich doch ein Kompromiss sind: *Alles ist vergänglich – nur der Kuhschwanz, der bleibt länglich* – damit will ein Schmunzelspaß über die Bitterkeit der Erkenntnis vom Ende hinwegtäuschen; Gleiches hat der Satz *Alles hat ein Ende – nur die Wurst hat zwei* vor. Und in dem Film *Die letzte Nacht des Boris Gruschenko* von Woody Allen heißt es: *Man muss sich den Tod als eine Möglichkeit vorstellen, weniger Geld auszugeben.*
Wenn dem so ist, worum geht es dann überhaupt im Leben?

Es ist nicht die Frage, ob wir uns dem Geheimnis des Todes stellen oder ob wir es aus unserem Leben ausblenden, sondern es ist die

Frage, was wir angesichts der Endlichkeit allen Seins mit unserem Leben anfangen.
Eine Geschichte, die mir einmal über ein E-Mail-Kettensystem zugeschickt wurde, verdeutlicht dies:
Mein bester Freund öffnete die Kommodenschublade seiner Ehefrau und holte ein in Seidenpapier eingewickeltes Päckchen hervor. Es war nicht irgendein Päckchen, sondern eines mit Unterwäsche darin. Mein Freund warf das Papier weg und betrachtete die Seide und die Spitze. ‚Dies kaufte ich, als wir zum ersten Mal in New York waren. Das ist jetzt acht oder neun Jahre her. Sie trug es nie. Sie wollte es für eine besondere Gelegenheit aufbewahren. Und jetzt, glaube ich, ist der richtige Moment gekommen!' Er näherte sich dem Bett und legte die Unterwäsche zu den anderen Dingen, die vom Bestattungsinstitut mitgenommen werden sollten. Seine Frau war gestorben.
Als er sich zu mir umdrehte, sagte er: ‚Bewahre nichts für einen besonderen Anlass auf! Denk dran jeder Tag, den du lebst, ist ein besonderer Anlass'.

Das Dramatische an dieser Geschichte ist der sichtbare Zusammenhang von Eros und Thanatos, also von Leben und Tod. Die Unterwäsche und die *besondere Gelegenheit* haben ja mit Erotik zu tun, und diese stellt in letzter Konsequenz einen Trick der Natur dar, das Überleben des Lebens zu sichern. So betrachtet ging die Frau mit dem Thema der Vergänglichkeit falsch um und brachte sich und ihren Mann – möglicherweise – um ungeahnte Freuden.

Kürzlich traf ich einen Freund, der mir freudestrahlend verkündete, dass er demnächst Vater würde. Er selbst ist 71, die werdende Mutter 47. Das Lebensalter des werdenden Vaters ist schon in die Nähe des Todes gerückt, wobei diese Vorstellung durch die Geburt seines Kindes etwas abgemildert wird. Die Entstehung dieses Kindes wäre ohne Eros/Sexus/Liebe nicht möglich gewesen – und wieder haben wir jene Verbindung von Tod und Liebe, ohne die wir nicht existieren würden: Erst der Tod ermöglicht unsere Geburt, die aus der Liebe hervorgeht.
Wie steht es bei mir?, fragte ich mich, denn irgendwie spürte ich, dass ich diese Welt nicht verlassen sollte, ohne ihr ein neues Le-

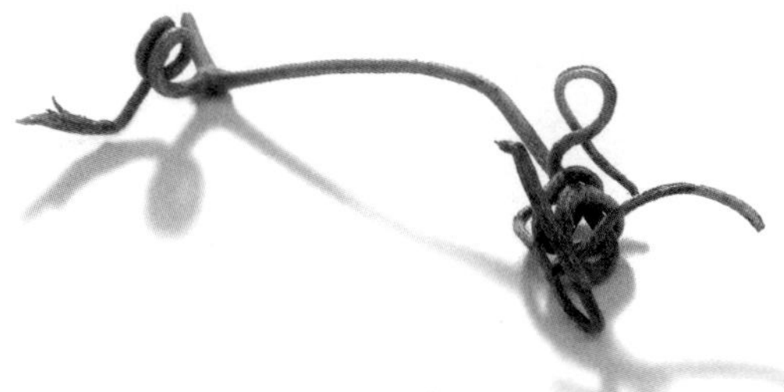

bewesen geschenkt zu haben (wieso eigentlich *schenken*?). Andererseits fühle ich mich noch nicht bereit dazu. Ich nehme an, dass auch bei mir der Tod erst näher rücken muss, bevor ich mich für Nachwuchs (auch dieses Wort ist sehr bezeichnend!) entscheide. Vermutlich werde ich zu den *älteren oder alten Vätern* gehören, deren Kinder dann noch viele Sommer vor sich haben, sie selbst dann aber nur noch wenige.

Sommer ist, wenn man das Leben umarmen will und die Sonne unsere Seelen wärmt, um es einmal etwas kitschig auszudrücken. Und genau das soll ein 52-jähriger statistisch gesehen nur noch 33 Mal erleben dürfen? 33 Mal drei Monate – das ist schon sehr wenig. Und was denkt man, wenn von den 33 schon 23 vorüber sind? Oder schon 30 oder gar 32? In diesem Zusammenhang ist es übrigens interessant zu bemerken, dass Menschen ab ihrem 50. Lebensjahr stets von ihrer *zweiten Lebenshälfte* sprechen. Das würde bedeuten, dass sie davon ausgehen, auf jeden Fall 100 Jahre alt zu werden. (Noch) ist dies nur recht wenigen gegönnt – und mit viel Glück wird man 90. Wäre es dann nicht ehrlicher, wenn wir vom *dritten Lebensdrittel* sprechen würden?

Ich weiß, diese Fragen erscheinen unsinnig. Aber sie zwingen uns, unser Leben zu überdenken und es gegebenenfalls neu auszurichten. Wir wissen zwar, dass nicht nur wir, sondern überhaupt alles, einschließlich dieser Erde und unserer Sonne, vergänglich ist. Wir wissen aber nicht, wie wir mit dieser unabänderlichen Tatsache umgehen sollen. Deshalb wird die Diskussion über sie von Kindesbeinen an verdrängt – besser nicht darüber nachdenken, wer weiß, was dann geschieht! Doch genau das werde ich jetzt tun. Ich hoffe, es wird nicht allzu viele Schmerzen bereiten; und vielleicht sind wir am Ende klüger als zuvor …

ANREGUNG 2

WAS: *Die Restlaufzeit beginnt mit unserer Geburt. Die damit verbundene Frage „Was mache ich aus meinem Leben?“ stellt sich freilich in diesem Stadium noch nicht. Doch spätestens mit Ende der Schulzeit drängt sie sich allmählich ins Bewusstsein. Es geht dabei nicht darum, welchen Beruf man ergreift und ob man beispielsweise heiratet oder nicht, es geht um eine fast existenzialistische Frage; nämlich die, ob ich mein Leben so einrichte, dass ich in dem Bewusstsein lebe, dass all das, was sich ereignet, morgen schon vorüber sein kann. Diese Haltung führt zu einer tiefen Achtung vor allem, was ist. „Haben, als hätte man nicht“, sagt der Apostel Paulus – und er drückt damit just diese Einstellung dem Dasein gegenüber aus. Mein Leben gehört zwar mir, es wurde mir geschenkt, aber ich muss es eines Tages zurückgeben. Was mache ich in der Zeit, bis es so weit ist? Klammere ich mich an Vergängliches oder versuche ich, anderen so gut es geht das Dasein zu erleichtern? Lebe ich für mich selbst und fühle mich irgendwann nutzlos oder versuche ich mich so zu engagieren, dass dem Sein anderer durch mich ein Mehrwert zufließt? Lebe ich oder werde ich gelebt? Bin ich der, als der ich gedacht war, oder entgleitet mir mein Ziel immer wieder, weil ich nicht die Kraft habe, so zu werden, wie ich sein möchte? Nehme ich die Zeit als etwas wahr, das zerrinnt, oder als etwas, das im Überfluss vorhanden ist? Akzeptiere ich, dass mein Leben irgendwann einmal endet, und verhalte ich mich deshalb schon heute so, dass ich das Ende nicht ausblende, sondern es in meine Handlungen mit einbeziehe?*

Ich lebe so, als wäre heute mein letzter Tag auf Erden.

WIE: *Holen Sie alle Kleidungsstücke aus dem Schrank, die Sie bisher selten oder nie getragen haben. Nehmen Sie sich die Zeit und ziehen Sie die Sachen der Reihe nach an. Betrachten Sie sich im Spiegel und werden Sie sich darüber bewusst, dass die Kombination aus Träger und Kleidungsstück, die Sie jetzt sehen, einmalig ist. Es gibt sie tatsächlich kein zweites Mal auf der Welt.*

Beobachten Sie, was Sie nun machen. Haben die Kleidungsstücke plötzlich für Sie einen anderen Wert?

Machen Sie dasselbe mit Gegenständen, die Sie zwar besitzen, für die Sie aber keine Verwendung haben. Halten Sie jeden einzelnen ganz bewusst in der einen Hand und streicheln Sie ihn mit der anderen, als wäre er ein geliebter Mensch oder ein Tier. Wie ist nun Ihr Verhältnis zu den Gegenständen?

Schauen Sie sich jetzt Fotos an. Wenn Sie darauf Personen entdecken, die nicht mehr leben, dann stellen Sie sich vor, dass eines Tages, wenn Sie selbst schon lange gestorben sind, andere Menschen Fotos ansehen werden, auf denen Sie abgelichtet sind. Wie sollen die Menschen, die Sie kannten, auf die fotografische Begegnung mit Ihnen reagieren?

Machen Sie jetzt alles, was Sie tun, in dem Bewusstsein, es wäre das letzte Mal. Wie fühlt sich das an? Erkennen Sie mehr als zuvor? Hat sich Ihr Verhältnis zu dem, was Sie umgibt, verändert?

III

WAS WIRKLICH WICHTIG IST

In der Wohnung eines Freundes sah ich einmal, was Glück bedeutet: Seine Frau war schwanger, und beide hatten sich bei einem Fotografen in verschiedenen Glücksposen ablichten lassen. Immer im Vordergrund: der Bauch der werdenden Mutter. Diese etwa 20 Fotos hatte das Paar mit Silber-, Gold- und Plexiglasrahmen versehen und auf ein Sideboard im Wohnzimmer gestellt. Jeder, der zu Besuch kam, konnte dann gar nicht anders, als die personifizierte Freude auf das, was da kommen sollte, mitzuerleben.

Eineinhalb Jahre später standen die Fotos nicht mehr an ihrem Platz. Das Paar hatte sich einige Monate nach der Geburt des gemeinsamen Sohnes getrennt. *Wie seltsam*, dachte ich, als ich das nunmehr verwaiste Sideboard sah. Zuerst will man das Glück festhalten, und kaum ist das lang ersehnte Ereignis eingetreten, besinnt man sich eines anderen, vermeintlich besseren. Das vergangene Glück trägt einen nicht und so wird auch jede sichtbare Erinnerung an jene Zeiten, in denen man noch voller Hoffnung und Zuversicht war, entfernt. So leben wir tagein, tagaus stets von der Vorstellung geprägt, dass es etwas gäbe, das wir noch erreichen müssten und ohne das wir meinen, nicht leben zu können – worüber wir die wirklich kostbaren Momente, die magischen Augenblicke, die jedem von uns zweifelsohne begegnen, vergessen. Oft sind es dann die falschen Götter, denen wir dienen, und die falschen Ziele, die wir uns setzen. In den Industriegesellschaften haben sie zudem meist mit Geld zu tun, von dem wir doch allmählich wissen müssten, was es für einen Charakter hat: einen flüchtigen …

Obwohl wir durch die verschiedenen Finanzkatastrophen und -krisen der letzten Jahrzehnte erkennen konnten, dass Geld uns nur vermeintlich Sicherheit bietet, lassen wir uns nicht davon abhalten, immer noch an den *Wert* des bedruckten Papiers zu glauben. Natürlich ahnen wir, dass das nicht immer gut gehen kann, und handeln auch dementsprechend, indem wir Immobilien oder Unternehmensanteile erwerben, aber wir messen dennoch dem Geldschein dieselbe Wichtigkeit zu wie seiner Wortumkehrung, dem Scheingeld. Über all dem vergessen wir, was wirklich wichtig ist. Und wenn wir aufwachen, merken wir, was wir verloren haben. Die meisten begehen ihre Fehler dann erneut, wenn sie nicht nach den Ursachen für ihr Scheitern suchen. So wir aber in uns gehen, werden wir die Entsprechung zur Außenwelt in unserem Inneren finden. Dort können wir verblüfft dessen gewahr werden, was wir bisher vernachlässigt haben. Wir werden merken, dass es wichtig ist

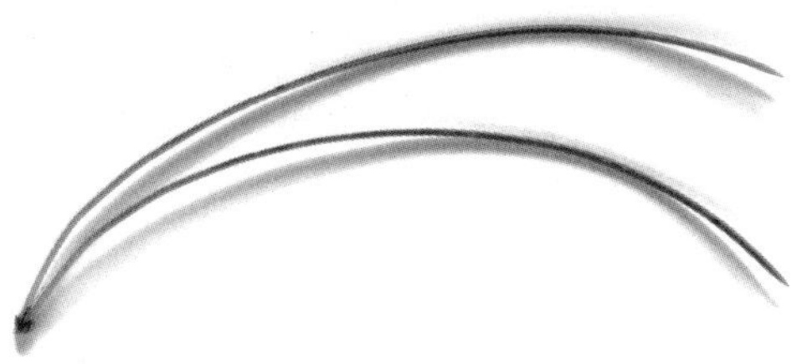

- ***unter Menschen zu sein und deren Inspirationen für das eigene Leben umzusetzen,***

- ***zu teilen, damit man mit anderen etwas gemeinsam hat,***

- ***im selben Maße zu sprechen wie zuzuhören,***

- ***sich ein Ziel zu setzen, das man am besten mit anderen zu erreichen sucht,***

- ***auf die Gesundheit zu achten, um die eben genannten Punkte verwirklichen (in diesem Wort verbirgt sich übrigens nicht umsonst die Silbe „wir“!) zu können.***

Der Jesuitenorden, seit jeher für seine Denkbrillanz bewundert und gefürchtet zugleicht, hat für seine Fratres und Patres eine Liste von fünf Prioritäten aufgestellt, die ihnen helfen sollen, das Leben so zu vollziehen, dass es am Ende als ein erfülltes gelten kann.

An oberster Stelle steht – man glaubt es zunächst kaum – der Schlaf. Denkt man jedoch genauer nach, ist das nur folgerichtig. Denn wenn man schlecht schläft, bedeutet das, dass man sein Tagwerk nicht gut erledigen kann. Deshalb kommt dem gesunden Schlaf eine so tragende Bedeutung bei.

An zweiter Stelle wird – auch hier horcht man auf – der Körper genannt. Eigentlich sollte man denken, dass Kleriker eher körperfeindlich eingestellt sind, doch hier wird man eines besseren belehrt. Denn ohne einen durch Bewegung und Sport gestärkten

Körper können wir die Aufgaben, die uns fordern, nicht bewältigen, können also auch nicht in der Weise für andere wie für unsere Nächsten so da sein, wie es nötig wäre.

An dritter Stelle erst finden sich Gebet, Meditation, innere Einkehr, Spiritualität, das Gespräch mit dem, was die religiöse Sprache *Gott* nennt. Hier wird das tägliche Leben ausgeblendet, damit man sich ganz auf sich und seinen Urgrund konzentrieren kann. Moslems entziehen sich fünfmal am Tag dem gewohnten Dasein, um dadurch Zwiesprache mit Allah zu halten. Könnte man sich dies in einer christlichen Gesellschaft vorstellen? Dass sich z. B. in einer Autofabrik die Belegschaft fünfmal am Tag ganz bewusst für einige Minuten zum gemeinsamen Gebet versammelt? Sicher nicht. Aber würde uns das nicht vielleicht guttun? Würden durch diese kleine Handlung nicht Körper, Seele und Geist wieder ins Gleichgewicht kommen und eine Zivilisationskrankheit wie Burn-out weniger Chancen bei ihrem Kampf gegen den Menschen haben? Japanische Konzerne haben erkannt, dass Meditationspausen nicht nur den Mitarbeitern, sondern in direkter Folge auch dem Unternehmen guttun. In unserer westlichen Gesellschaft, die dem Kapital hörig ist, wird es allerdings noch eine Weile dauern, bis man begreift, dass das „Du sollst keine anderen Götter haben neben mir“ auf Dauer keinen Erfolg bringen wird.

Auf Platz vier der Jesuitenprioritäten stehen die Beziehungen, die wir zu anderen haben. Eltern, Geschwister, Verwandte, Liebespartner, Freunde, Bekannte: Nur mit ihnen wird das Leben lebenswert. Gänzlich alleine können nur wenige Einsiedler sein – und selbst sie brauchen jemanden, der ihnen gelegentlich hilft. Der Mensch als Herdentier ist auf andere bezogen und er kann nur in diesem Bezug gedeihen.

Auf dem letzten (!) Platz findet sich die Arbeit. *„Sie gelingt dann am besten“*, schreibt der Jesuit und Philosoph Michael Bordt in seinem Buch *Was in Krisen zählt, wenn die ersten vier Prioritäten stimmen und wenn wir nicht etwa aus dem Beziehungsstress in die Arbeit flüchten, um von der Arbeit eine Erfüllung des Lebens zu erwarten, die sie außerstande ist zu geben.*

DENKEN UND HANDELN

„Bitter schmeckt der Reis, der nicht von einem guten Geist gepflanzt wurde", sagt ein chinesisches Sprichwort. Implizit drückt es aus, dass Wachstum, Fortschritt und Reife nur dann eintreten und verwirklicht werden können, wenn der Boden, der Grund, die Erde in positiver Absicht bestellt und die Saat in ebensolcher Haltung gesetzt wird. Erst wenn das vorweggenommene Ergebnis, die Frucht des Reisfeldes, des Beetes, des Ackers positiv imaginiert wird, vermag das Ergebnis der Mühe den, der gesät hat, zu beglücken. „Wer den Acker pflegt, den pflegt der Acker", verheißt ein anderes Sprichwort.
Diese Erdallegorie lässt sich ohne Weiteres auf das menschliche Denken übertragen, denn unsere Lebenseinstellung bewirkt unseren Lebensfortschritt, sie entscheidet über Erfolg und Misserfolg. Keine Macht ist daher stärker als die des Denkens, egal ob es sich um negative oder positive Gedanken handelt. Das Entscheidende besteht darin, dass negative Gedanken nicht in der Lage sind, Lebens Spendend zu sein, dass sie ein Nein zur Freiheit bedeuten, ein Nein, welches einem Nein entspringt und damit die vollkommene Negation all dessen, das ins Leben drängt, bedeutet. Allein der gute Gedanke vermag es, in der Dunkelheit das Licht zu erkennen.

Bei mir selbst war die von den Jesuiten propagierte Reihenfolge in den letzten 25 Jahren nahezu umgekehrt. Arbeit war mir das Wichtigste. Dann kamen die Beziehungen, danach der Sport und die innere Einkehr, schließlich der Schlaf. Natürlich findet ein 30-Jähriger, der seinen Lebensweg erfolgreich gehen will, in der Arbeit oftmals mehr Bestätigung als im Privatleben. In vielen Fällen sind beide Bereiche sogar deckungsgleich. Aber ob das wirklich gesund ist? Sicherlich nicht – und die Sehnsucht vieler nach Freiheit, Urlaub und Unabhängigkeit hat hier ihre Wurzel. Allerdings muss man, um just diese drei Ziele zu erreichen, seine Prioritäten eben anders setzen, freilich immer der Gefahr ausgesetzt, sich in seinem

Streben zu verlieren. Hat man erreicht, was man sich vorgenommen hat, verlässt einen entweder der Partner oder man erleidet einen Herzinfarkt oder beides geschieht kurz hintereinander. Daher gilt: Nicht jedes Ziel ist eines, für das es sich lohnen würde, das Erworbene aufs Spiel zu setzen. Wirklich wichtig sind ganz andere Dinge, und die sind meist gar keine „Dinge", sondern Seinszustände. Diese sind freilich, ebenso wie alles andere, der Wandlung unterworfen, wie wir gleich im nächsten Kapitel sehen werden.

ANREGUNG 3

WAS: *Ich hinterfrage mein Leben, indem ich meine Gewohnheiten kontrolliere. Stelle ich fest, dass ich an irgendeiner Stelle unzufrieden bin, bin ich gewillt, dies – auch wenn es unter Schmerzen geschehen muss – zu ändern. Ich denke daran, dass nichts unter der Prämisse „Ich muss …" geschehen sollte, sondern eher unter dem Vorzeichen der tiefen Einsicht „Ich darf …". Denn da unser Leben begrenzt ist, ist jeder Zwang, den man sich selbst auferlegt, und der automatisch zu inneren oder äußeren Problemen führen wird, sinnlos.*
Die „Ich darf …"-Haltung hingegen zeigt, dass ich das, was das Leben mir bietet, und das, womit es mich herausfordert, mit Freuden betrachten will, denn nur so kann ich einen Schritt tiefer gehen und werde nicht an der Oberfläche stehen bleiben. Ich möchte das Dasein in seiner gesamten Dimension begreifen und aus ihm meine Kraft schöpfen.

Ich darf leben. Das ist mir stets bewusst. Deshalb ist mein Leben schön. Ich lebe, weil ich geliebt werde.

WIE: *Achten Sie darauf, wie oft Sie „Ich muss" sagen („Ich muss gleich das Haus verlassen", „Ich muss jetzt aber wirklich gehen", „Ich muss morgen früh raus" etc.). Versuchen Sie, das „Ich muss" durch „Ich darf" zu ersetzen. Merken Sie, welche andere Qualität Ihr Leben mit einem Mal erfährt? Spüren Sie die Freiheit, die sich in Ihrem Innersten ausbreitet? Vielleicht möchten Sie, wenn* *es passt, auch andere, in deren Sätzen Sie ein „Ich muss" vernehmen, darauf aufmerksam machen, dass es genauso gut „Ich darf" heißen könnte?*

Erkennen Sie, dass Sie es sind, der sich den „Ich muss" -Zwang auferlegt. Wie Sie sich davon befreien können? Mit einer ganz einfachen Übung: Löschen Sie mindestens eine Woche lang, noch besser zwei, alle E-Mails, die Sie erreichen. „Das geht nicht", werden Sie nun sagen. Probieren Sie es aus. Es ist eine sehr heilsame Übung. Denn was wird geschehen? Sie werden sich wundern: Nichts wird geschehen – außer dass Sie merken, dass Sie keine Strafe erwartet, wenn Sie den inneren und äußeren Zwang ablegen.

Ihr Leben wurde Ihnen geschenkt, damit Sie es in Freiheit genießen. Weshalb wollen Sie es durch selbst auferlegte Verbote zur Mühsal werden lassen?

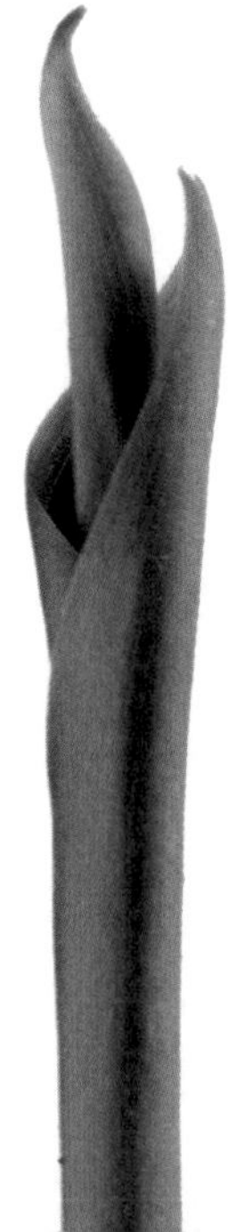

IV

NICHTS IST, WIE ES SCHEINT – NICHTS BLEIBT, WIE ES IST

Eigentlich sind dies Binsenweisheiten – aber da eine Binse eine Weisheit höherer Ordnung ist, wie mir ein Freund einmal sagte, sollten wir uns mit ihnen beschäftigen. Wenn *nichts ist, wie es scheint,* gibt es dann überhaupt objektive Erkenntnis? Sicherlich, nur wird diese eben von Individuen gewonnen. Ich denke, dass oben stehende Wahrheiten uns davor warnen möchten, das, was ist, das Faktische also, für zu statisch zu halten, weil eben *nichts bleibt, wie es ist,* alles also im Fluss ist. Wasser ist ohnedies ein schönes Bild für den Zauber der Vergänglichkeit: Beim Wasserfall z. B. sehen wir stets anderes Wasser und doch bleibt es stets derselbe Wasserfall (nicht der gleiche!); eine Beobachtung übrigens, die den griechischen Philosophen Heraklit sagen ließ: *In denselben Fluss steigen wir und steigen wir nicht; wir sind und sind nicht.* Aus dieser Erkenntnis wurde später die Einsicht, dass man nicht zweimal in denselben Fluss steigen könne. Natürlich nicht, denn sowohl das Wasser ist ein anderes als beim ersten Mal, als auch man selbst ist nicht mehr der, der man zuvor war. Veränderung, und zwar permanente, ist das *Maß aller Dinge.*

Wir verändern uns von dem Augenblick an, in dem Eizelle und Spermium aufeinandergetroffen sind – wobei es fraglich ist, ob man hier überhaupt schon von *wir* bzw. *ich* sprechen kann. In diesem Moment jedoch beginnt Auf- und Abstieg des Lebens. Was aber tun wir dann ab jenem Zeitpunkt, an dem wir das Licht der Welt erblicken? Wir erklimmen den Berg des Lebens, um eines Tages vor der unausweichlichen Tatsache zu stehen, dass wir mit dem Abstieg beginnen müssen. Freilich haben wir gelernt, diesen Augenblick hinauszuzögern, ihn zu verdrängen, ihn für nichtig zu erachten, ihn dank der modernen Medizin und kosmetischer Möglichkeiten zu verschieben. Aber er wird uns – ob wir wollen oder nicht – einholen und uns zwingen, den Weg von der Höhe ins Tal einzuschlagen. Abstieg ist Abschied. Abschied für immer?

ABSCHIED ALS GEGENWART NACH VORN

Wenn es uns gelingt, im Wissen um die Vergänglichkeit, um die Endlichkeit all dessen, was ist, zu leben, bedeutet das, dass wir nicht auf die Vergangenheit ausgerichtet sind, sondern unser Leben in reiner Gegenwart verwirklichen, uns also nach vorn ausrichten. Der Wunsch nach Stetigkeit, nach Dauerhaftigkeit wohnt den meisten Menschen als etwas Ureigenes inne. Doch im Bewusstsein von Vergänglichkeit zu leben, im Bewusstsein der Unmöglichkeit, etwas oder jemanden halten zu können, heißt, sein lassen zu können. Der Abschied ist nicht ein Nein gegenüber dem, was ist, sondern seine letzte Bejahung. Indem ich weiß, dass ich alles eines Tages verlassen muss oder ich eines Tages verlassen werde, gebe ich dem Sein eine andere Bedeutung, als es bisher für mich hatte. Ich weiß, dass das, von dem ich mich trenne, nur geliehen ist (ob Dinge, Erfahrungen, Erkenntnisse, Menschen, Hoffnungen, Träume – spielt keine Rolle), und gerade deshalb wird es zu etwas unendlich Wertvollem. Das mag sonderbar klingen, aber es ist gerade diese Einmaligkeit der Begegnung zwischen dem, was ist, und uns, das die Einsicht in den irgendwann einmal erfolgenden Abschied so spannend macht. Jede Mutter weiß, dass das Kind in ihrem Leib sie spätestens nach neun Monaten verlassen wird, genauso wie sie weiß, dass ihr Kind eines Tages aus dem elterlichen Heim ausziehen wird. „Abnabelung" heißt dieser zweifache Prozess, in dem das Alte hinter sich gelassen und das Neue mit Spannung und Furcht zugleich erwartet wird – und zwar von beiden Seiten. Diese Abnabelung ist ein Abschied hinein in die Gegenwart in spe, und er gilt für alles, was wir im Leben tun, erfahren, erwarten, erhoffen etc. Irgendwann werden wir es für immer verlassen müssen bzw. es wird uns verlassen. Tragisch? Nein. Weshalb nicht? Weil uns der Abschied von dem, an dem wir anhaften, was wir festhalten wollen, frei macht. Wenn eine Türe sich für uns schließt, gehen Hunderte andere auf. Wir müssen es nur wagen, hindurchzugehen.

Als ich kurz nach meinem 50. Geburtstag in einem buddhistischen Tempel in Thailand weilte, war es mir, als vernähme ich eine Stimme, die sagte: *Bis 50 nehmen, ab 50 geben.* Ich war aufgewühlt, denn natürlich hatte ich mich nach dem (bescheidenen) Fest zum 50. gefragt, wie es denn nun weitergehen würde. Was meine Ziele wären, meine Pläne etc. Dieser Satz veränderte alles. Mir wurde klar, dass ich die Phase meiner Ausbildung abgeschlossen hatte (auch wenn ich mir immer noch völlig unfertig vorkam) und dass nunmehr der Zeitpunkt gekommen war, das, was ich durch Eltern, Lehrer, Freunde, Studium, Arbeit und das Leben an sich erfahren und gelernt hatte, dort einzusetzen, wo andere dessen bedurften. Viele Menschen agieren nach dem Prinzip *Bis 50 nehmen, ab 50 festhalten und ja nichts mehr hergeben,* dachte ich mir, und musste unwillkürlich an das schöne Werk *Der Papalagi* denken, das schon 1920 erschienen ist und in den 70er-Jahren, mit Beginn der spirituellen Bewegung, wiederentdeckt wurde. Es beinhaltet die Reden des Südseehäuptlings Tuiavii aus Tiavea, welche eine reine Fiktion des wirklichen Autors Erich Scheurmann sind. Dieser hatte allerdings tatsächlich ein Jahr in der Südsee auf Samoa gelebt. Seine Zivilisationskritik endet mit den Worten: *Die Palme wirft ihre Blätter und Früchte ab, wenn sie reif sind. Der Papalagi* (also der weiße Mann bzw. der nicht mehr naturverbundene Mensch der Moderne) *lebt so, wie wenn die Palme ihre Blätter und Früchte festhalten wollte. „Es sind meine! Ihr dürft sie nicht haben und nichts davon essen!“ Wie sollte die Palme neue Früchte tragen können? Die Palme hat viel mehr Weisheit als ein Papalagi.*

Jeder von uns hat etwas zu geben. Erst Geben macht das Leben sinnvoll. Da wir – und das ist ja die zunächst erschreckende Erkenntnis – nichts behalten können, und unser Leben schon gar nicht, müssen wir etwas finden, das sinnvoll ist. Sicher, wir können vor dieser Tatsache die Augen verschließen und uns in immer neuen Aktionismus stürzen, um dieser letzten Gewissheit vermeintlich zu entgehen, aber es wird uns nichts nützen und es kommen für uns alle die Stunden, in denen wir ahnen oder zumindest irgendwie spüren, dass das *nicht alles gewesen sein kann*. Und genau hier beginnt die Suche nach dem Sinn.

Gibt es einen Sinn des Lebens? Es gibt Tausende von Aussagen hierüber, von Weisen, von Narren, von Dichtern, Denkern und natürlich auch von völlig „normalen" Menschen. Ein schöner Ausspruch lautet: *Der Sinn des Lebens ist das Leben selbst.* Warum suchen wir überhaupt nach einem Sinn für unser Dasein? Weshalb leben wir nicht einfach? Warum müssen wir alles hinterfragen? Nun, weil wir eben die Gabe der Reflexion haben und offenbar nicht anders können. Durch unsere Reflexionsfähigkeit merken wir, dass *Veränderung* unser größtes Wesensmerkmal ist, und lernen, die *Vergänglichkeit* zu begreifen vor der wir uns fürchten, weil dann nichts mehr so ist, wie es einmal war. Und so haben wir damit begonnen, uns Welten zu erschaffen, in denen der Schmerz darüber, dass sich alles verändert, was wir bisher kannten, nicht mehr existiert, weil es dort völlig andere Aggregatszustände gibt. *Jenseits* nennen die Christen diese Welt, *Nirwana* die Buddhisten diesen Ort; die Juden hoffen, dass jemand kommt und sie vom Irdischen erlöst (der Messias), die Hindus, dass die Seele auf Wanderschaft geht, und die Moslems glauben zu wissen, dass dort mehr Freuden herrschen als im Diesseits, weshalb es für islamistische Selbstmordattentäter kein Problem ist, ihrem Leben und dem anderer ein Ende zu setzen. Es soll ja dort drüben *alles besser* sein.

Hat das Leben nur einen Sinn, wenn wir im Diesseits ständig leiden müssen? Sinn hätte es dann, wenn es jemanden gäbe, der es mit Sinn versehen hätte, der also eine Absicht mit unserer Existenz verbände. Die Religionen haben hierauf die Antwort gefunden und den Menschen, als Geschöpf Gottes, zum Herren der Welt erklärt.

Aber schon die Dinosaurier hielten sich für die Herrscher dieser Erde und hätten sich nie träumen lassen, eines Tages den blauen Planeten nur noch in Form von Skeletten in paläontologischen Museen zu bewohnen und von kleinen Erdlingen bestaunt zu werden. Und wie sieht es mit uns aus? Die Römer hielten ihr Imperium für die Erfüllung der Geschichte. 2000 Jahre später sah der Philosoph Hegel *den Weltgeist* im Preußischen Staat *zu sich gekommen* und erkannte darin ebenfalls die Vollendung der Geschichte. Und heute? Derzeit sehen rund 60 Prozent der Staaten auf der Welt die Demokratie als einzig mögliche Regierungsform. Und müssen wir nicht lachen, wenn wir an die riesigen, schweren Autotelefone denken, die wir noch vor 20 Jahren mit uns herumschleppten? Mit unseren Smartphones wähnen wir uns am Höhepunkt der menschlichen Entwicklung angekommen. Ich bin mir sicher, dass wir in einigen Jahren über Flachbildschirmfernseher und Handys genauso lächeln werden wie über die Fotos, die uns in unserer Pubertät mit der damals aktuellen Haartracht und Kleidung zeigen. Der Mensch fühlt sich immer, als befände er sich auf dem Höhepunkt der Geschichte, und nur wenige Visionäre ahnen, dass es weitergeht, immer weiter … *Vision ist die Kunst, unsichtbare Dinge zu sehen,* steht auf einer japanischen Grußkarte, die ich erst kürzlich erhielt, passenderweise zu Weihnachten.

Dieser kurze Ausflug in die Geschichte der Menschheit war nötig, um das Thema *Vergänglichkeit* zu verorten und sich gleichzeitig mit dem Thema *Sinn* zu beschäftigen. Denn wie kann es im Lichte der Vergänglichkeit Sinn geben? Zu sagen, es gäbe keinen, wäre zu einfach und außerdem anmaßend. Denn woher wollen wir das wissen? Aber wenn wir ihn nicht direkt erkennen können, so vermögen wir es doch, ihm einen zu verleihen, wobei das Wort *-leihen* schon seinen eigenen Sinn hat. Denn auch uns wurde das Leben ja offenbar nur geliehen, wir müssen es am Ende zurückgeben. Ein klassisches Leasingmodell also, in dem, wie schon gesagt, die *Restlaufzeit* eine große Rolle spielt, ebenso wie das Maß an Spuren, die wir an dieser Leihgabe hinterlassen haben.

Ich behaupte nun Folgendes: Wir können dem Leben durchaus Sinn verleihen – wenn wir damit das Leben anderer sinnvoll oder heil werden lassen, was wiederum auf uns zurückfällt. Indem wir anderen helfen, ihren Platz, ihren Sinn zu finden oder ihre Gesundheit zurückzuerhalten, erleben wir Erfüllung. Wir haben etwas Gutes getan – für sie, aber auch für uns selbst. Das macht uns entweder zufrieden oder auch glücklich. Gewiss wird dieser Zustand nicht permanent andauern, aber es hindert uns niemand daran, diese Form der Kreativität mehr als nur einmal auszuüben. Das Einzige, das in diesem Zusammenhang betrüblich ist, ist die Tatsache, dass trotz aller Sinnfindung nichts ist, wie es scheint, und nichts bleibt, wie es ist. Das hat mit einer Größe zu tun, die auf das menschliche Geschehen einen enormen Einfluss hat: mit der *Zeit.*

Im Alten Testament finden sich im *Buch Kohelet* folgende Worte:

Ein Jegliches hat seine Zeit.
Alles unter dem Himmel hat seine Stunde.
Es gibt eine Zeit für das Gebären und eine für das Sterben.
Es gibt eine Zeit für das Säen und eine für das Ernten.
Es gibt eine Zeit für die Krankheit und eine für die Heilung.
Es gibt eine Zeit für die Zerstörung und eine für den Aufbau.
Es gibt eine Zeit für das Weinen und eine für das Lachen.
Es gibt eine Zeit für das Klagen und eine für das Tanzen.
Es gibt eine Zeit für das Nehmen und eine für das Geben.
Es gibt eine Zeit für die Herzenswärme und eine für
das Fernesein vom Herzen.
Es gibt eine Zeit für das Suchen und eine für das Verlieren.
Es gibt eine Zeit für das Halten und eine für das Loslassen.
Es gibt eine Zeit für das Zerreißen und eine für das Zunähen.
Es gibt eine Zeit für das Schweigen und eine für das Reden.
Es gibt eine Zeit der Liebe und eine des Hasses.
Streit und Friede haben ihre Zeit.
Ein Jegliches unter dem Himmel hat seine Zeit.

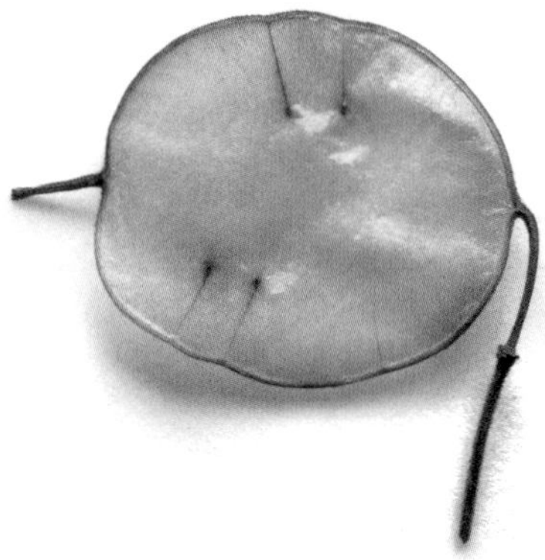

Innerhalb unseres Seins in der Zeit steht also fest, dass alles, was wir beginnen, ein Ende haben wird, weil es *seine* Zeit hat. Wie wir freilich damit umgehen, das bleibt uns selbst überlassen. Und genau hier beginnt das, was ich den *Zauber der Vergänglichkeit* nenne. Denn gerade weil alles, was wir unternehmen, dem Diktat des Zeitlichen und damit des Abschieds unterworfen ist, sind wir ständig zur Entscheidung aufgerufen –

was wir tun,
wie lange wir es tun,
für wen wir es tun.

Niemand ist vor dieser *Not-Wendigkeit* gefeit, und früher oder später steht ein jeder vor der Tatsache, sich ent-*scheiden* zu müssen, wobei das Wort selbst schon impliziert, dass, wenn man das eine tut, man das andere sein lassen muss. Aber, wie auch der obige Begriff schon verrät – die Entscheidung wendet die Not. Welche Not?, werden Sie nun fragen. Nun, ebenjene, dass wir verstehen, dass alles irgendwann zu Ende geht. Wenn dem aber so ist, wird dann nicht unser gesamtes Handeln, Streben und Hoffen sinnlos?

Vor rund 400 Jahren wurde in Schlesien der Dichter Andreas Gryphius geboren, der durch die Erfahrungen des Dreißigjährigen Krieges und die damit direkt verbundene barocke Haltung der *Vanitas („Eitelkeit“ im Sinne von Vergänglichkeit)* geprägt, das Thema, das uns in diesem Kapitel beschäftigt, auf unvergleichliche Weise in Worte fasste:

Du siehst, wohin du siehst, nur Eitelkeit auf Erden.
Was dieser heute baut, reißt jener morgen ein:
Wo itzund Städte stehn, wird eine Wiesn sein
Auf der Schäfers Kind wird spielen mit den Herden.

Was itzund prächtig blüht, soll bald zertreten werden.
Was itzt so pocht und trotzt, ist morgen Asch und Bein.
Nichts ist das Ewigsein, kein Erz, kein Marmorstein,
Itzt lacht das Glück uns an, bald donnern die Beschwerden.

Der hohen Taten Ruhm muss wie ein Traum vergehen.
Soll denn das Spiel der Zeit der leichte Mensch bestehen.
Ach! Was ist all dies, was wir für köstlich achten

Als schlechte Nichtigkeit, als Schatten, Staub und Wind.
Als eine Wiesenblum', die man nicht wiederfindt.
Noch will, was ewig ist, kein einig Mensch betrachten.

Geht es uns heute anders? Sicher nicht, denn auch im 20. Jahrhundert hat beispielsweise die Popgruppe Kansas dieses Thema verbalisiert und einen Welthit daraus geschaffen, in dem es – fast wie bei Andreas Gryphius – heißt: *All we are is dust in the wind, everything is dust in the wind.*

Nun könnte einen diese Tatsache ja eigentlich zur Verzweiflung treiben und die vermeintliche Sinnlosigkeit allen Strebens vor Augen führen. Aber es gibt vielleicht einen Hoffnungsschimmer: Gryphius' Gedicht wird heute – nach 400 Jahren – noch gelesen und sogar auswendig gelernt, und das Lied *Dust in the wind* hat immerhin auch schon einige Jahrzehnte überdauert.

Sie merken es schon: Es gibt durchaus Möglichkeiten, der Vergänglichkeit zu entgehen. Wie das gelingen kann, damit wollen wir uns im nächsten Kapitel beschäftigen. Vorher aber noch eine Anregung für das Bewusstsein und damit für das bewusste Sein:

ANREGUNG 4

WAS: *Alles strebt nach Ewigkeit. Zum Augenblicke möchte ich sagen, verweile, denn du bist ja so schön, schreibt Goethe. Er weiß, dass der Augenblick weder der Ausdruck dessen ist, was schon war, noch dessen, was erst noch sein wird. Er ist konkrete Gegenwart. Diesen Augenblick zu erleben, ohne zurück- oder vorwärtszuschauen, – gerade darin findet sich das, wonach wir uns alle sehnen: das Erkennen dessen, was ist, und das Verstehen dessen, was ist – das Erleben der allumfassenden Einheit. Religiösen Menschen gelingt dies vielleicht eher als Atheisten, aber auch diese haben die Möglichkeit dazu: In der Meditation kann dieser Zustand des Einseins mit allem, das All-eins-sein, erkannt werden. Und in der Verschmelzung von Frau und Mann – speziell in seiner tantrischen Form – umso mehr.*

Ich verbinde mich mit allem, was ist, und werde auf diese Weise ein Teil von ihm.

WIE: *Machen Sie einen Spaziergang. Gehen Sie in den Wald, in die Berge oder laufen Sie am Strand entlang. Atmen Sie tief und ruhig. Spüren Sie, wie sich die Elemente mit Ihnen verbinden, sobald Sie mit ihnen dasselbe tun? Haben Sie schon einmal darüber nachgedacht, dass alles aus denselben Grundbausteinen zusammengesetzt ist wie Sie? Sie sind also tatsächlich mit allem verbunden, mit jedem anderen Menschen und mit allem, was Sie umgibt. Blicken Sie, wenn es möglich ist, in den Nachthimmel. Alles, was Sie dort sehen, besteht aus denselben Substanzen wie Sie. Überlegen Sie nun, wo Ihr Ursprung ist – und wohin Sie eines Tages zurückkehren werden. Sie sind Teil des Kosmos, aber der Kosmos ist auch Teil von Ihnen. Die Formen sind verschieden, der Inhalt aber gleich. Sie sind also nicht allein. Deshalb können Sie nun auch Ihr Handeln durchaus mit einer kosmischen, galaktischen Note versehen und müssen sich nicht mehr auf das trübe Irdische begrenzen – schließlich sind Sie ein Sternenkind!*

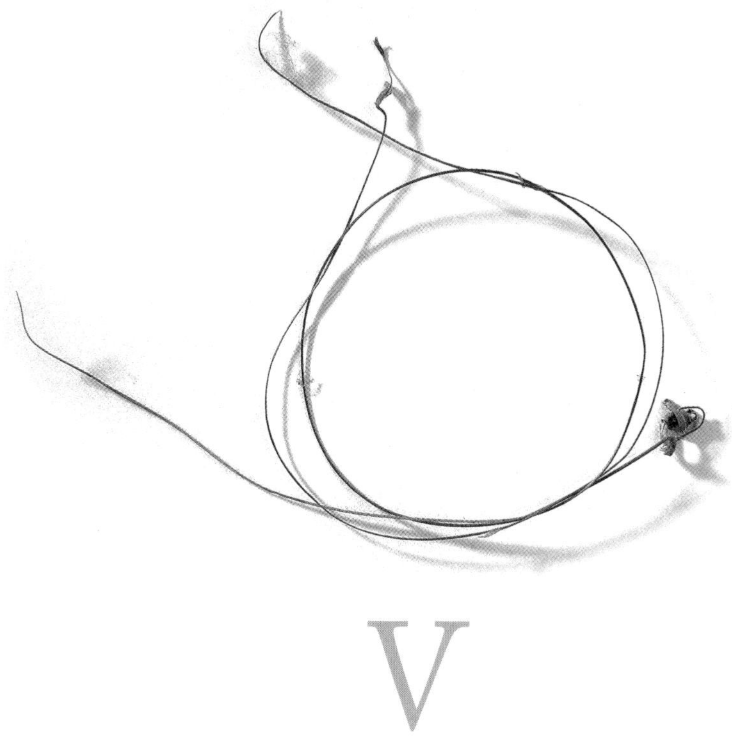

V

DIE LINIEN DES LEBENS

Jeder Augenblick ist so kostbar wie einzigartig. Wir können ihn nicht festhalten, denn er ist konkrete Gegenwart. Nicht Vergangenheit und nicht Zukunft. Erfahrbar wird dieser Augenblick, den man auch transzendental nennt, im Liebesspiel, wenn die Zeit ausgeblendet ist, im Moment des endgültigen Überwindens einer Krankheit (man kann diesen Jetzt-Moment also konkret körperlich wahrnehmen), in der Meditation, wenn man ganz bei sich ist, oder im alltäglichen Handeln, allerdings nur dann, wenn wir gleichzeitig unser Ego abschalten, um bei einem anderen, beim Du zu sein.

Eine Freundin, ein wunderschönes Mädchen, das ohne Eltern aufgewachsen war, wurde bei einem Autounfall so schwer verletzt, dass sie seither ihr Leben querschnittsgelähmt im Rollstuhl verbringen muss. Keine der diversen Rückenmarksoperationen, selbst von amerikanischen Spezialisten, konnte sie wieder gehend machen. An ihrem Unfall war niemand schuld, sie war nur auf eisiger Straße ins Schleudern geraten. Was wäre gewesen, wenn sie eine andere Strecke genommen hätte? Was, wenn sie an diesem Tag zu Hause geblieben wäre? Diese Fragen sind müßig, denn es kommt darauf an, uns auf den Augenblick zu konzentrieren, so bewusst und präsent im Hier und Jetzt wie möglich zu sein. Eine winzige Sekunde der Unaufmerksamkeit beim Autofahren, eine vereiste Stelle auf der Straße, eine Gedankenlosigkeit bei der Arbeit – und wir können uns und/oder anderen Schaden zufügen, für den es keine Wiedergutmachung, keine Heilung gibt. Nichts ist dann mehr, wie es einmal war. Die meisten, die solches erlebt haben, meistern ihr Schicksal, indem sie etwas tun, das anderen hilft, ihnen Heil bringt. Oben erwähnte Freundin etwa arbeitet heute in der Sterbehilfe, wodurch ihr Leben eine vollkommen andere Bahn genommen hat, als sie sich zu dem Zeitpunkt vorgestellt hatte, da sie noch für den Modeschöpfer Karl Lagerfeld tätig war.

Eine andere Freundin, Lehrerin für Modern Dance, hatte eines Tages die Diagnose *multiple Sklerose* erhalten. Für die ehemalige Primaballerina ein Schock, wie er größer nicht sein konnte. Und doch verzweifelte sie nicht. Unterricht zu geben wurde für sie zwar immer mühsamer, aber sie bewahrte Haltung. Diese kam vor allem durch ihre nun beginnende intensive Beschäftigung mit dem Buddhismus. Später, auch sie war dann auf den Rollstuhl angewiesen, konnte sie lächelnd sagen: „Ich bin meiner Krankheit dankbar, denn ohne sie wäre ich nicht zur Buddhistin geworden.“

MITGESCHÖPFLICHKEIT

Wir können uns nie gewiss sein, dass alles tatsächlich so abläuft, wie wir uns dies vorstellen. Nur weil bisher die Sonne jeden Tag am Morgen aufgegangen ist, können wir (als Gedankenspiel zumindest) nicht davon ausgehen, dass sie morgen wieder aufgehen wird. Wie oft geschieht es Tag für Tag auf der Welt, dass ein Mensch, der von A nach B möchte, in B nicht ankommt, weil er bei einem Unfall verletzt oder gar getötet wurde? „Plötzlich", „Unerwartet", „Mitten aus dem Leben gerissen" ist dann in Todesanzeigen zu lesen. Wenn ich am Morgen im Bad Radio höre und dort die Stau- und Unfallmeldungen vernehme, denke ich stets nicht nur an die, die da verunglückt sind, sondern auch an die, die meinten, dass der geliebte Mensch, der das Haus noch kurz vorher heil verlassen hatte, ebenso zurückkehren würde. Auch wenn wir selbst ins Auto steigen, gehen wir davon aus, dass wir dort, wo wir hin wollen, gesund ankommen werden. Doch allein in Deutschland sind es pro Jahr ca. 4000 Menschen, denen dies nicht beschieden ist. Wir erkennen daran, dass nichts selbstverständlich ist und dass wir uns niemals sicher sein dürfen, dass das, was wir planen, auch so eintreten wird. Nicht einmal das, was wir erreicht haben, mag bei uns bleiben, weil es entweder von selbst vergeht (z.B. körperliche Fitness, obwohl wir uns immer viel bewegt und gesund ernährt haben) oder uns von anderen weggenommen wird (Partner, Ideen, Dinge). Wir haben uns in das, was wir denken und fühlen, eingehaust und können uns gar nicht vorstellen, dass es auch anders sein könnte. Darüber hinaus verschließen wir oft die Augen vor dem Schicksal anderer, mit denen wir nichts zu tun haben, und sind darüber erfreut, nicht deren Los teilen zu müssen, anstatt ihnen zu helfen. Erst wenn es uns selbst trifft, sind wir froh über jede Anteilnahme, die uns begegnet, und erkennen den Wert der Mitgeschöpflichkeit. Wir beginnen nachzudenken, verlassen die gewohnten Pfade und öffnen uns dem Unbekannten. Dort finden wir meist das, was wir bislang entbehrten. Und unser Leben ändert sich mit einem Mal. Was wir ursprünglich planten, verblasst vor der Aufgabe, die jetzt vor uns liegt.

Die Linien des Lebens sind verschieden,
wie Wege sind, und wie der Berge Grenzen.
Was hier wir sind, kann dort ein Gott ergänzen
mit Harmonien und ewigem Lohn und Frieden.

Dieser Vierzeiler des Dichters Friedrich Hölderlin spricht davon, dass des Menschen irdische Existenz nicht alles ist, sondern dort eine Erweiterung findet; eine Erweiterung dessen, was uns auf Erden fehlte. Ist dies nun Wunschdenken oder Realität? Gibt es ein *Drüben* – und wenn ja, wie hat man es sich vorzustellen? Und wie gelangt man dorthin? Nur durch gute Taten? Auch Selbstmordattentäter halten ihre Tat für eine gute. Wir haben vorher ja schon über das Jenseits spekuliert, doch nun wollen wir uns mit etwas Konkreterem, Fassbarerem beschäftigen als mit der Frage, was *danach* kommt. Dennoch sollte man die Reflexion darüber nicht ganz ausschließen, und wir werden später noch einmal darauf zurückkommen. Zunächst aber wollen wir wieder vom Augenblick sprechen, vom konkreten Moment, der uns immer wieder entgleitet. Wie gelingt es, ihn trotz seiner Flüchtigkeit festzuhalten?

Fotografie wäre eine Möglichkeit, sowohl real als auch geistig. Die Erinnerung gleicht einem gewaltigen Fotolabor, in dem wir unsere Speicherkarten, wann immer es uns beliebt, ansehen können. Hier ist alles, was wir je erlebt haben, aufgezeichnet und abrufbar – wie in der modernen Telekommunikation, in der dieses individuelle Gedächtnis die Bezeichnung *Cloud* erhalten hat. Sie ist das, was die Esoterik die *Akasha-Chronik* nennt oder der heilige Nikolaus sein *Goldenes Buch*.

Eine andere Möglichkeit ist die Umsetzung dessen, was uns beschäftigt, in Kunst. Ein Gedicht, ein Bild – immer wird der ursprüngliche Gedanke darin sichtbar; und wir spüren, was der Urheber meinte und fühlte.

Bei all dem stellt sich aber die Frage, ob das Leben nur eine Abfolge von Momenten ist oder ob es hierbei nicht eine andere Dimension, die uns nur noch nicht bewusst ist, gibt. Wenn wir einmal genauer darüber nachdenken, so müssten wir zu dem Ergebnis gelangen, dass das Dasein als eine Aneinanderreihung von Ereignissen eigentlich zu wenig ist. Was aber könnte es da noch geben? Der dänische Philosoph Søren Kierkegaard sagt, dass wir das Leben nur rückwärts verstehen können, aber vorwärts leben müssen. Geht es auch umgekehrt? Gegenwärtig zumindest nicht. Es sei denn, wir finden eine Möglichkeit in der Zeit zu Reisen. Und vielleicht geschieht dies ja eines Tages. Ich will damit Folgendes sagen:

All unsere Vorstellungen vom Leben sind limitiert und gelten nur solange, bis etwas gefunden ist, das dem Ganzen eine neue Dimension verleiht. Bis zu den Entdeckungen der Genetik bzw. der Gentechnik etwa hätte sich niemand vorstellen können, dass Leben auch außerhalb des Körpers gezeugt werden kann.
Diese Erkenntnis gilt für alles, was es gibt. Gesetze, Tatsachen, Moden etc. haben nur einen gewissen Haltbarkeitswert, so lange nämlich, bis sie sich als falsch oder unpassend herausstellen oder von anderen Gesetzen, Tatsachen, Moden abgelöst werden, denen irgendwann das gleiche Schicksal droht. Dieser Prozess ist prinzipiell nie abgeschlossen, es sei denn, der Mensch löscht sich selbst aus oder wird von einer kosmischen Katastrophe heimgesucht. Aber selbst in diesem Fall könnte – rein theoretisch zumindest – die Menschheit anderswo im Universum weiterexistieren. Warum wohl erforscht man gegenwärtig den Planeten Mars auf die Möglichkeit einer Kolonialisierung hin? Gewiss, es wäre finanziell günstiger, die Erde nicht zu zerstören, aber daran haben offenbar viele Menschen kein gesteigertes Interesse. Und so werden sie zusehen müssen, wie ihnen der Augenblick, der Moment entgleitet, in dem sie einsehen, dass eigentlich alles gut war, so, wie es gewesen ist. Irgendetwas zwingt uns aber, den Augenblick immer wieder zu verlassen, um einen neuen Augenblick zu erleben. Es ist ein unnachgiebiges, existenzielles Weiter, immer weiter, das uns zu dem macht, was wir sind: Wesen, die bis zu ihrem Tode unzufrieden sind mit dem, was sie haben. Ohne diesen Wesenskern aber gäbe es keine Entwicklung.

ANREGUNG 5

WAS: *Das Leben kennt keine Grenze. Es vollzieht sich mit uns oder ohne uns, auf der Erde oder wo auch immer ...Wir können das Leben in diesem Punkt nicht imitieren, denn zumindest in unserer körpergebundenen Gestalt sind wir endlich. Dennoch – oder gerade deshalb – entwickeln wir uns von Augenblick zu Augenblick. Ist das Leben mehr als eine Aneinanderreihung von Augenblicken? Ja, denn wenn es sich nur darauf beschränken würde, wären wir nicht fähig, auch nach rückwärts zu denken und in unserer Erinnerung Dinge auszumachen, die unsere Gegenwart und unsere Zukunft bestimmen. Allerdings wird es dadurch für uns schwierig, im konkreten „Jetzt" zu leben. Dies gelingt uns dann, wenn wir verstanden haben, dass wir jeden Moment genießen dürfen, ohne uns Sorgen um die Zukunft zu machen. Denn diese noch nicht eingetretene Gegenwart ist immer für, aber niemals gegen uns.*

Ich schreite auf meiner Lebenslinie voran – überzeugt davon, dass ich jeden Augenblick genießen darf. Nichts bereitet mir Sorgen. Ich fühle mich beschützt.

WIE: *Stellen Sie sich die folgenden Fragen: Wo stehen Sie heute im Leben? Was haben Sie in Ihrem Leben erreicht, welche Träume haben Sie verwirklicht? Und vor allem: Wer hat Ihnen dabei geholfen? Wir leben unser Leben nie isoliert von anderen. Dort, wo wir sind, sind wir nicht alleine hingekommen. Das gilt sowohl für das Geografische als auch im übertragenen Sinn für die berufliche Laufbahn oder den privaten Stand. Ohne dass wir es bewusst wahrnehmen, helfen uns andere über die Jahre, dorthin zu gelangen, wo wir heute stehen. Um sich dies bewusst zu machen, ist folgende Übung hilfreich:*

Nehmen Sie ein Blatt Papier und notieren Sie ganz oben Ihren Beruf und seit wann Sie ihn ausüben.

Darunter schreiben Sie den Namen der Personen, durch deren Rat oder Hilfe Sie zu dieser Position kamen. Machen Sie aber nicht bei der ersten Person halt, sondern überlegen Sie, durch wen Sie diesen Menschen, der mit Ihrer derzeitigen Stellung viel zu tun hat (verantwortlich ist, wäre zu viel gesagt), kennengelernt haben. Bleiben Sie aber auch hier nicht stehen, und versuchen Sie sich zu erinnern, wer Sie mit dieser Person bekannt gemacht hat usw. Gehen Sie gedanklich so weit zurück, wie Sie können. Sie werden sehen, dass Ihre jetzige Aufgabe, Ihr Beruf, Ihre Stellung, aber auch Ihre private Situation mit sehr vielen Menschen zu tun haben, von denen Sie manche vielleicht schon vergessen hatten. Am Ende dieser Kausalkette landen Sie bei sich selbst und Ihren Eltern oder Großeltern. Schreiben Sie alle Namen von oben nach unten hintereinander auf. Dann denken Sie ganz bewusst an diese Menschen und daran, dass Sie ohne sie nicht dort wären, wo Sie sich in diesem Augenblick befinden. Seien Sie jedem Einzelnen gegenüber dankbar und überlegen Sie, wie Ihr Leben verlaufen wäre, hätten Sie zu jenem Zeitpunkt an diesem bestimmten Ort nicht diesen Menschen getroffen, durch den Sie wieder einen anderen kennenlernten, der Ihnen weiterhalf usw. Denken Sie besonders intensiv an die, die nicht mehr leben – und nehmen Sie mit denen, die noch da sind, Kontakt auf, falls dieser abgerissen sein sollte. Sie werden plötzlich verstehen, dass in all diesen Zufällen ein gewisser Sinn oder zumindest eine Logik liegt. Die zufälligen Begegnungen dienen schlussendlich dazu, das, was in Ihnen schon angelegt ist, ans Licht zu bringen. Vielleicht haben Sie dabei Umwege gemacht oder sind streckenweise von Ihrem Weg abgekommen. So oder so aber landen Sie am Ende bei sich selbst – bei sich selbst als Wesen, das nur wachsen und sich entfalten kann durch die Verbundenheit mit anderen. Deshalb nähern Sie sich ganz bewusst und konkret wieder denen an, ohne die Sie das Erreichte nicht erreicht hätten. Dadurch schaffen Sie Sinn für sich und die anderen. Das Gesagte gilt übrigens auch für andere Bereiche des Lebens wie beispielsweise das Gebiet Beziehung – Liebe – Partnerschaft – Ehe.

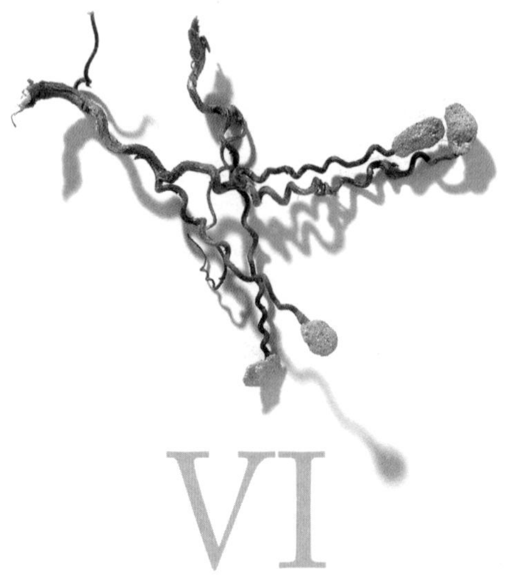

VI

DER LAUF DES SCHICKSALS

Eben machte ich eine sonderbare Erfahrung: Ich suchte im Internet nach Bildern von ehemaligen Freundinnen und Freunden. Manche fand ich gar nicht, manche auf Anhieb, bei einigen musste ich genauer hinschauen, ob es wirklich die waren, deren Bild ich noch vor meinem geistigen Auge hatte. Der Grund meiner Recherche hatte mit diesem Buch zu tun. Ich wollte sehen, wie weit sich Bilder von Menschen, die einem in der Jugend und in den Jahren danach nahestanden, ins Gedächtnis einprägen – und wie weit die Verwandlung, die sie aufgrund ihrer Entwicklung durchmachten, ihr heutiges Erscheinungsbild bestimmt. Vermutlich machen dies andere auch mit mir, auch wenn ich von Freunden und Bekannten immer zu hören bekomme, dass ich mich gar nicht sehr verändert hätte – was natürlich nicht stimmt, weder äußerlich noch innerlich. Und doch meine ich zu spüren, dass ich – wenn ich meine eigenen inneren Bilder abrufe – derselbe geblieben bin; derselbe, nicht der Gleiche (wie beim Bild vom Wasserfall) …

Menschen, mit denen man einst ein Liebesverhältnis pflegte, via *Google* wiederzusehen, ist ein sonderbares Unterfangen. Immerwährend steigen Erinnerungen hoch, Gefühle, die längst vergessen geglaubt waren, drängen aus dem Unterbewusstsein an den Tag – und sind in diesem Licht betrachtet manches Mal schön, ein anderes Mal aber auch nicht, je nachdem, wie die Beziehung war. Natürlich nehme ich, wie ich eben bekannte, die Veränderung auch an mir selbst wahr und gelegentlich sträube ich mich gegen sie oder bin traurig, dass ich nicht mehr so aussehe wie noch vor zehn Jahren. *So ein eitler Kerl*, mag nun mancher Leser denken.

Aber haben wir im vorausgegangenen Kapitel nicht gesehen, dass das Wort *Eitelkeit* ursprünglich *Vergänglichkeit* bedeutet? Und genau diese erlebt man fast physisch beim Betrachten nicht nur der eigenen Fotos, sondern noch stärker bei den Bildern von jenen Menschen, die man früher kannte oder liebte und denen man nun in ihrem heutigen Erscheinungsbild begegnet. Das ist übrigens auch der Grund, weshalb ich nur ein einziges Mal zu einem Klassentreffen ging. Die Schulkameraden, die ich früher mochte, mochte ich jetzt auch noch, aber jene, mit denen ich damals nichts anfangen konnte, mied ich nach wie vor und wir begrüßten uns höchstens höflich. Und dann kamen natürlich die klassischen Fragen: *Bist du verheiratet, hast du Kinder, was machst du denn so beruflich?* Darauf lassen sich also Menschen reduzieren – und damit kann man sie auch einordnen. Ist es das, *worum es im Leben geht?*

Die Begegnung mit Klassenkameraden ist nicht immer erquicklich, denn man kann durchaus auch enttäuscht sein, wenn man den einen oder anderen, den man noch als ganz außergewöhnlich im Sinn hatte, heute als spießig, verbürgerlicht oder dick und behäbig geworden, wieder trifft. *Mensch*, möchte man ihm zurufen, *was hast du aus deinem Leben gemacht?*

Aber diejenigen, die man dergestalt aufwecken möchte, denken vielleicht über einen selbst genauso. Niemand hat also das Recht, die Lebensweise anderer zu kritisieren. Jeder tut das, was ihm möglich ist und wofür er sich entschieden hat. Wenn alle dasselbe täten oder gleich aussähen – was wäre das für eine langweilige Gesellschaft! Offenbar nimmt der gesellschaftliche Diskurs seine Kraft genau aus dieser *Verschiedenheit der Individuen*, die aber gerade darin, dass sie die Verschiedenheit auszeichnet, eins sind.

Ganz sonderbar ist es, jemandem zu begegnen, mit dem man viele Jahre zuvor eine wilde und ausgelassene Liebesnacht verbrachte und den man danach schnell wieder aus den Augen verlor. Oft ist man froh, dass es nur bei diesem einmaligen Erlebnis blieb, trotzdem ist es merkwürdig, auf der Straße einem Menschen zu begegnen, mit dem man einmal intim war – und den man heute lieber nicht mehr sehen würde; ich selbst erinnere mich an zwei derartige Situationen: Einmal wechselte ich die Straßenseite, da ich schon von Weitem erkannte, wer da auf mich zukam. Ein anderes Mal, als es für das Straßenseitenwechseln schon zu spät war, zog ich meine neue Freundin vor ein Schaufenster und gab vor, mich für die darin ausgestellte Ware zu interessieren. Und all das nur, um jemandem, den man einmal liebte (und zwar egal auf welche Weise), nicht (mehr) begegnen zu müssen. Ist das nicht sonderbar? Gerade der sexuelle Akt, in dem man ja eigentlich Ewigkeit erfahren könnte oder sollte, weil man alles, was Seele und Geist behindert, abgelegt hat, gehört zum Vergänglichsten überhaupt. Natürlich ist er wiederholbar, und der Mensch und die eng mit ihm verwandten Bonobos sind Wesen, die immer „können" – weil sie keine feste Paarungszeit kennen. Der Unterschied zu den Zwergschimpansen ist freilich der, dass diese ihre sexuellen Aktivitäten hauptsächlich zum Abbau von Spannungen innerhalb der Gruppe einsetzen. *Make love, not war* – dazu scheinen unsere Verwandten eher fähig als wir, die wir durch unsere Körperlichkeit Spannungen eher hervorrufen, weshalb das Thema *Sexualität und Vergänglichkeit* eines ist, das ganz konkret zum Thema unserer Überlegungen gehört.

Wir wandeln uns – nicht nur, was unsere Sexualität anbelangt – ständig und diejenigen, die sich in unserer näheren Umgebung mitwandeln, sind von diesem Schauspiel nicht weiter überrascht. Unsere Vergänglichkeit und mit ihr der Prozess des Alterns werden von ihnen weniger stark empfunden als von jemandem, der uns lange nicht gesehen hat und innerlich denkt: *Mein Gott, ist der/die aber alt geworden.*

Wenn ich alten Menschen begegne, stelle ich mir oft vor, wie sie wohl in ihrer Jugend aussahen und was sie so anders hat werden lassen; durch welche Lebensumstände wurden sie, wie sie heute sind, und – hätte es auch anders kommen können? Zudem denke ich mir, wie ich selbst wohl aussehen und sein werde, wenn ich dieses Alter erreicht habe. Natürlich glaubt niemand, der halbwegs vernünftig ist, dass er immer auf dem jeweiligen *Status quo* bliebe und dass sich niemals etwas ändern würde. Oder etwa doch?

In dem anrührenden Film *Das Wunder von Mailand* des Regisseurs Vittorio De Sica begegnet der Filmheld Totó in einem Armutsviertel der oberitalienischen Stadt Menschen, die vom Elend gezeichnet sind. Um ihnen seine Solidarität zu bekunden, hinkt er beispielsweise, wenn er einen Lahmen sieht, hält sich ein Auge zu, wenn ihm einer entgegenkommt, der eine Augenklappe trägt, weint, sobald er eine weinende Mutter sieht. Er spiegelt das, was ihm begegnet, zeigt sein Mitgefühl (nicht Mitleid!) und verbindet sich dadurch mit all denen, die auf der Schattenseite des Lebens stehen; diese wiederum spüren durch Totós Handlungen, dass sie nicht allein sind, dass es andere gibt, denen es genauso geht – und sie schöpfen Hoffnung. Geteiltes Leid ist halbes Leid. Was hat dies nun mit unserem Thema zu tun?

Wenn wir erkennen, dass nichts ist, wie es scheint, und nichts bleibt, wie es ist, dann gilt dies nicht nur für die positiven Aspekte unseres Daseins, sondern auch für dessen negative. In jeder Krise steckt ja bekanntlich eine Chance, weil sie uns Herausforderungen beschert, durch die wir uns weiterentwickeln können. Und glücklicherweise machen wir dabei auch die Erfahrung, dass jede Krise vorübergeht. Auch der Krieg, den der griechische Philosoph Heraklit den *Vater von allem* nennt, wird vorübergehen; selbst derjenige, welcher als der *Dreißigjähre* in die Geschichte einging, war einmal vorbei. Natürlich muss man hier die Fragen stellen: Wenn jeder Krieg ohnedies irgendwann einmal zu Ende ist, warum beginnt man ihn dann überhaupt? Man könnte die Entscheidung ja auch – ohne Blutvergießen, Zerstörung und anschließendem Wiederaufbau (was leider nicht für die Getöteten gilt) – am *grünen Tisch* herbeiführen, als Abstraktum gewissermaßen. Aber das geht offenbar nicht, Menschen brauchen Fakten ... Übrigens: Wenn der Krieg der Vater aller Dinge ist, wer ist dann die Mutter? Ist es die Versöhnung, der Friede, das Heil?

Mitgefühl, wie es im *Wunder von Mailand* gezeigt wird, ist eine großartige Eigenschaft. Nur durch sie kann ich erkennen, wie es anderen geht, erspüren, wessen sie bedürfen, erahnen, wohin ihre Reise geht. Und genau dieses Mitgefühl ist es, das uns hilft, das schmerzliche Wissen um die Vergänglichkeit alles Irdischen zu lindern. *Jeder Tag ist ein besonderer Tag* – und weil dies so ist, bestünde die Aufgabe nunmehr in zweierlei: zum einen, zu erkennen, dass alles, was uns begegnet, besonders ist (weil letztlich einmalig); zum anderen, dass wir es sind, die anderen ihren Tag zu einem besonderen machen sollten. Hierin liegt genau die Erfüllung, welche die vielen ehrenamtlichen Mitarbeiter privater oder kirchlicher Institutionen verspüren und die sie ihr Werk mit Begeisterung tun lässt: Sie helfen anderen. Der dänische Lama Ole Nydahl, der mit dazu beitrug, den tibetischen Buddhismus in den Westen zu bringen, sagt: *Wer an sich denkt, hat Schwierigkeiten. Wer an andere denkt, hat Aufgaben.*

Das Wissen um die Vergänglichkeit und der damit eng verbundene (mögliche) Verlust des Lebenssinns kann gemildert und letztlich akzeptiert werden, wenn wir versuchen, unsere Welt und die der anderen mit *Güte* zu verbessern. Das heißt nicht, dass wir nun alle zu Gutmenschen mutieren müssen, sondern nur, dass wir ein bisschen mehr erspüren sollten, was andere brauchen. Es bedeutet, dass wir lernen, uns selbst weniger wichtig zu nehmen; dass wir begreifen, dass es kein unausweichliches *Du musst!* gibt und dass vieles Negative, das wir erfahren, auch in sein Gegenteil gekehrt werden kann, da es oft einen Grund dafür gibt, warum uns Leid widerfährt. Diesen Grund zu erkennen und ins Positive für sich selbst und andere zu wandeln, ist keine Kunst. Es ist nur ein kleiner Trick des Geistes, und zwar indem wir unsere innere Einstellung verändern, wie Sie in der unten stehenden Übung erkennen können.

ANREGUNG 6

WAS: *Um aus einer negativen Situation zu entkommen, stelle ich mir die Zeit nach diesem Geschehen schon jetzt vor. Dadurch erkenne ich, dass das Ereignis vorbeigegangen ist; selbst wenn es Spuren hinterlassen hat, wie ein Hurrikan, der auf Festland getroffen ist – es ist vorbei. Wenn es aber demnächst vorbei sein wird, dann hat es auch im Augenblick keine Macht über mich und kann mir nichts anhaben. Mein Geist ist stärker als alles, was geschieht, denn er kann es denken. Mein Geist ist größer als das Universum, denn er kann es sich vorstellen (dies sagte ein Lehrer zum jungen Carl Friedrich von Weizsäcker, der später ein höchst geachteter Physiker und Philosoph wurde – freilich sagte der Lehrer „Dein Geist …“). Mein Geist ist – ganz nebenbei – auch noch unendlich, denn er kann die Unendlichkeit zumindest erahnen. Mein Geist ist unvergänglich – selbst wenn ich sterbe und diese körperliche Hülle ablege, bleibt er bestehen. Ich kann ihn weder erschaffen noch zerstören.*

Ich verlagere alles, was ich als negativ empfinde, in die Zukunft. Dadurch verliert es seinen Schrecken und wird in den Weiten des Alls verloren gehen.

WIE: *Schon in meiner Schulzeit, wenn ich mit einer schlechten Note nach Hause kam, wandte ich das Folgende an: Ich fragte mich: Werde ich in einer Woche, in zwei Wochen, in einem Jahr oder in zehn Jahren noch an diese schlechte Note denken? Nein! Wenn ich es nicht tue, dann werden es die anderen doch auch nicht tun! Wozu also die Aufregung? Es ist geschehen und man kann es nicht ändern, nur beim nächsten Mal besser machen.*

Der Trick besteht also darin, dass man sich selbst gedanklich aus dem aktuellen Geschehen herausnimmt und sich ein Stückchen in die Zukunft versetzt. Dort existiert das Problem, das einen bedrängte, plötzlich nicht mehr oder zumindest nur in einer verringerten Form. Wenn es aber dort – in der Zukunft – nicht mehr so schlimm ist oder gar nicht mehr existiert, weshalb regen Sie sich jetzt darüber auf? Und warum tun es andere ebenso? Haben diese denn nicht begriffen, dass nichts bleibt, wie es ist?

Alle Probleme, Sorgen, Nöte und so fort werden auf diese Weise geringer. Natürlich verschwinden sie nicht einfach so, aber sie nehmen Ihnen nicht länger die Kraft und Zeit, sie möglichst effektiv und schnell zu lösen.

VII

WENN SICH DIE TÜRE SCHLIESST

Es gibt zwei Möglichkeiten, den „Dingen“ zu begegnen: aktiv oder passiv. Entweder ich liege wie ein Katze gemütlich am Fensterbrett und schaue völlig gelassen dem sich immer schneller drehenden Kreislauf des Lebens zu und interessiere mich nicht weiter dafür; oder aber ich engagiere mich überall dort, wo ich mein Mitwirken für sinnvoll und Ziel führend erachte. Man kann sogar beides zur rechten Zeit tun, was vermutlich am sinnvollsten wäre – contemplatio und actio vereint.

Zu Beginn des neuen Jahres gehe ich immer zum Friedhof, um das Grab meines Vaters zu besuchen. An jenem Tag, an den ich mich so gut erinnere, wäre er 98 Jahre alt geworden. Er starb aber schon mit 69. Herztod. Für alle Familienmitglieder unbegreiflich. Warum hatte er sich so früh verabschiedet? Warum war er nicht geblieben? Unwillkürlich musste ich an Johannes Heesters denken, der mit 108 Jahren gestorben ist und meinen Vater um 39 Jahre überlebt hatte.

Ich ging wie immer mit meiner Mutter ans Grab. Wir stellten eine Kerze an den Grabstein und reinigten das Beet von heruntergefallenen kleinen Ästen. Ich musste an die Schlusszeile des Gedichts von W. H. Auden, das durch den Film *Vier Hochzeiten und ein Todesfall* weltberühmt wurde, denken: *Nie wird es sein, so wie es war. Nie wieder gut.*

Sicher, wir hatten die Tatsache des Todes akzeptiert, akzeptieren müssen, wie dies alle Menschen zu tun gezwungen sind, aber was heißt das schon? *Gut* ist es dann, wenn alles so ist, wie es ist. Schlimm wird es erst durch die Veränderung zum Negativen. Nun kann ich wie die oben erwähnte Katze dem Treiben des Lebens völlig stoisch zuschauen und die Zeit dahinfließen lassen – eine Haltung, die einem vielleicht manche unruhige Nacht erspart; oder ich kann mich mit den Begebenheiten – ob sie nun mit dem Tod oder dem Leben zu tun haben, spielt keine Rolle – identifizieren und mich engagieren, sodass ich und andere etwas davon haben. Beide Haltungen schließen sich, wie gesagt, nicht unbedingt aus, und man sollte auch nicht behaupten, die eine sei falsch und die andere richtig. Ich stellte mir diese Frage am Friedhof und kam zu dem Schluss, dass das Leben – fast mehr noch wie der Tod – ein ungeheures Rätsel ist, auch wenn wir dies immer wieder vergessen. Als Kinder wollen wir dieses Rätsel erkunden (kürzlich sah ich Kindergartenkinder, jedes trug eine Weste, auf der *Ich entdecke die Welt* stand), als Erwachsene bilden wir uns ein, es gelöst zu haben, alles zu wissen und den Weg zu kennen – und wenn wir alt sind, erkennen wir, dass wir dem Geheimnis noch immer völlig unbedarft gegenüberstehen. Niemand hat uns gelehrt, wie Leben geht, niemand hat uns darüber aufgeklärt, wie Sterben geht.

DIE VERGÄNGLICHKEIT DES LEIBES

Da wir bekanntlich alle sterben werden und diesem Prozess (sollte uns nicht ein früher Tod dahinraffen) das Phänomen des Alterns vorausgeht, ist es interessant zu beobachten, dass wir an Wissen und Erfahrung zunehmen, während unser Körper den gegenteiligen Prozess durchläuft. Vorausgesetzt, unsere Gedanken werden mit den Jahren immer schöner, weil weiser, ist dies dem Träger unseres Geistes nicht möglich. Was aber heißt dies? Dass wir den Körper ab dem Zeitpunkt unserer Individuation gar nicht mehr benötigen, weil wir unserer Natur nach letztlich reiner Geist sind? Es wäre beruhigend, wenn dieser Gedanke wahr wäre, denn es würde die Überbetonung des Körperlichen und Rationalen, mit dem wir in der westlichen Kultur groß geworden sind, in ihre Schranken weisen. Und es würde die buddhistische Auffassung, nach welcher der Geist das Einzige ist, das im Raum (Kosmos) bleibt, bestätigen. Während also unser Körper vergeht, wächst unser Geist und strebt nach Erkenntnis dessen, was ihn und das, was ihn umgibt, ausmacht. Leider haben wir immer weniger die Zeit, uns mit dieser Frage zu beschäftigen, weil das Zeitliche das Diktat über unser Dasein übernommen hat. Aber tief drinnen, wenn wir in uns hineinfühlen, dann können wir die Anwesenheit einer unbestimmten Macht wahrnehmen, die manche als Gewissen deuten, andere als Urgrund unseres Seins. Wie dem auch sei: Geistig ist sie auf alle Fälle und beweist einmal mehr, dass wir in der Lage sind, das Materielle zu überwinden.

Während ich auf das Grab meines Vaters blickte und auf die anderen Gräber ringsherum, musste ich an zweierlei denken: Erstens, dass auch meine Mutter, meine Schwester und ich einmal in diesem oder einem solchen Grab liegen werden; und zweitens, dass all jene, die schon beerdigt wurden, ihre Geschichte hatten, ihre Hoffnungen, ihre Nöte, ihre Lieben, ihre Leiden. Alle Menschen kommen darin überein. Schon deshalb ist es sonderbar, dass wir uns seit Anbeginn bekriegen, verfolgen, töten. Wenn wir keine Haut und keine Haare hätten, sähen wir alle gleich aus. Allein aus diesem Grunde ist Rassismus, egal welcher Prägung, Unsinn, weil es so betrachtet gar keine Rassen gibt, sondern nur Menschen, die geboren werden, leben und sterben müssen.
In seinem Gedicht *Der Mensch* liefert der Dichter Matthias Claudius gewissermaßen eine Kurzbeschreibung dessen, was wir sind und was uns erwartet:

Empfangen und genähret
Vom Weibe wunderbar,
Kömmt er und sieht und höret
Und nimmt des Trugs nicht wahr;
Gelüstet und begehret
Und bringt sein Tränlein dar;
Verachtet und verehret,
Hat Freude und Gefahr;
Glaubt, zweifelt, wähnt und lehret,
Hält nichts und alles wahr;
Erbauet und zerstöret
Und quält sich immerdar;
Schläft, wachet, wächst und zehret;
Trägt braun und graues Haar.
Und alles dieses währet,
Wenns hoch kommt achtzig Jahr.
Dann legt er sich zu seinen Vätern nieder,
Und er kömmt nimmer wieder.

Nicht gerade erbauend, oder? Was die letzte Zeile betrifft, so werde ich dazu später noch etwas hoffentlich Erhellendes sagen. Zunächst aber interessiert mich die Zeile *Und nimmt des Trugs nicht wahr.*

Es scheint mir hier derselbe Gedanke ausgebreitet, wie ihn Goethe hatte, als er im Prolog des *Faust* den *Herrn* (Gott) sagen lässt: *Es irrt der Mensch, solang er strebt.*
Ich würde sagen, es kommt darauf an, wonach man strebt. Handelt es sich um Materielles, Dingliches, so hat der Dichter sicher recht. Wonach also könnte man streben, ohne zu irren? Nach Unsterblichkeit? Sicher nicht. Nach Liebe? Schon eher. Nach Möglichkeiten, sich und anderen das Leben so erfüllend wie möglich zu gestalten? Ganz gewiss!

Wieder komme ich auf den schon geäußerten Gedanken zurück: *Es gibt zum Guten keine Alternative.* Man kann nämlich nicht nach dem Bösen streben. Denn selbst wenn man es könnte, würde man ja meinen, man täte – zumindest sich selbst – etwas Gutes. Ganz wie ein Selbstmörder, der glaubt, dass er sich selbst durch seine Tat etwas Gutes zufügt, weil er die Umstände, die ihn dazu brachten, nicht mehr ertragen kann. Das Leben meint uns, will uns – deshalb dürfen wir es nicht von selbst aus uns herausschneiden. Wir sollten warten können, bis sich die Türe hinter uns von selbst schließt, ohne dass wir es sind, die sie zufallen lassen.

ANREGUNG 7

WAS: *Es gibt zum Guten keine Alternative. Es gibt zum Frieden keine Alternative. Es gibt zur Liebe keine Alternative. Es gibt zum Leben keine Alternative.*
Ich weiß, dass alles, was lebt, auch wieder vergehen muss, um Neuem Platz zu machen. Dieser Gedanke ängstigt mich keineswegs, sondern ich akzeptiere und verstehe ihn. Denn ohne dieses Prinzip wäre ich ja selbst nicht auf Erden und könnte keine Freude empfinden.

Ich fürchte den Tod nicht, denn ich weiß, dass er nicht die Alternative zum Leben ist, sondern dessen Form und Ziel, damit Neues entstehen kann.

WIE: *Besuchen Sie die Gräber Ihrer Verwandten. Stellen Sie sich die schönsten Begebenheiten mit ihnen vor, aber auch die, die eher unangenehm waren. Sollte es etwas geben, das Ihnen immer noch Kummer bereitet, befreien Sie sich davon, indem Sie den Toten, aber auch sich selbst verzeihen. Machen Sie sich klar, dass wir alle nur ein einziges Schicksal haben: irgendwann einmal nicht mehr zu sein. Versöhnen Sie sich mit dem Dasein und den Menschen. Verinnerlichen Sie die Tatsache, dass wir im Tod alle gleich sind, nämlich tot, nicht mehr seiend, nicht mehr da.*

Überlegen Sie sich nun, was auf Ihrem Grabstein stehen soll. Schreiben Sie es auf und überlassen Sie das Geschriebene einer Person Ihres Vertrauens oder fügen Sie es Ihrem Testament bei. Vielleicht fragen Sie auch andere, was diese gern auf ihrem Grabstein stehen hätten.

VIII

DER JAHRESKALENDER

Gerade habe ich mir den Kalender für die nächsten zwölf Monate gekauft. *Chefkalender* steht im Innenteil, und er macht mit seiner Einteilung sogleich deutlich, wie der Tag des Chefs abläuft. Er beginnt um 7 Uhr und endet um 22 Uhr. Für jede halbe Stunde ist eine Zeile reserviert.

Dazu noch die Symbole für Telefon, Fax und Brief. Das gesamte Werk ist viersprachig. Noch steht nichts darin und ich denke darüber nach, was ich wohl wann hineinschreiben werde; viel wichtiger aber ist mir die Frage, wie oft ich einen solchen Kalender noch käuflich erwerben werde – derselbe Gedanke also, der mich schon bei den Sommern oder den Zahnbürsten beschäftigte, worüber ich zu Beginn dieser Ausführungen schrieb. Nun macht mich das Wort *Chefkalender* zusätzlich stutzig. Wessen Chef bin ich eigentlich? Herrsche ich über jemanden? Ist jemand von mir abhängig? Oder ist es vielleicht gänzlich anders, ist nicht die Zeit *mein* Chef? Doch, sie ist es, sie schreibt mir vor, was ich wann machen soll, muss, kann. Gut, dass der *Chefkalender* mir wenigstens von 22:01 Uhr bis 6:59 Uhr nicht vorgibt, was ich zu tun habe. Dies scheint also offenbar die einzige Zeit zu sein, in der die Zeit nicht über mich herrscht. Dasselbe Problem habe ich übrigens mit Uhren. *Timemaster* heißt eine besonders schöne. Ist deren Träger nun Herr über die Zeit oder regiert das Zeitliche den Träger? Vielleicht ist sogar beides gleich-zeit-ig möglich …

Da ich Jahreskalender aufhebe, staune ich jedes Mal, wenn ich beispielsweise lese, was ich vor acht Jahren gemacht habe, oder vor fünf oder vor zwei. Das meiste habe ich freilich längst vergessen, obwohl der Kalender von oben bis unten mit Terminen, Telefonnummern und Notizen voll ist. Was sind diese Eintragungen eigentlich? Das Zeugnis eines gelebten Lebens? Ist es das, was unser Dasein ausmacht? Waren all diese Treffen, Telefonate, Briefe nötig, um dorthin zu gelangen, wo man heute steht?
Ein merkwürdiges Gefühl beschleicht mich. Ich merke, wie mein Leben aus einer unglaublichen Anhäufung von persönlichen Begegnungen und Korrespondenzen besteht, von denen die meisten schon längst dem Gedächtnis entschwunden sind. Dennoch waren sie nötig – und offenbar auch sinnvoll. Überträgt man dies nun auf die gesamte Menschheit und nicht nur auf lebende Personen, sondern auch auf diejenigen, die schon gelebt haben oder noch leben werden, könnte einem angst und bange werden. Denn offenbar bestehen wir nicht nur aus Milliarden von Zellen, die wiederum aus Billiarden von Atomen aufgebaut sind, sondern auf einer anderen Ebene aus einer nicht überschaubaren Anzahl von Verbindungen. Alle sind mit allen verbunden – auf jedweder Ebene; und alles ist mit allem verbunden; und alle sind mit allem verbunden. Diese Erkenntnis führte zu *Facebook*, das offenkundig so viel Macht hat, dass es die Mächtigen stürzen kann, sofern sie nicht dem entsprechen, was die *Vernetzten* wollen. Es wird spannend sein zu sehen, ob diese völlig neue Form der Kommunikation zu mehr Gerechtig-

keit auf Erden führen wird, da es nichts mehr gibt, was sozusagen frei im Raume schweben würde, völlig losgelöst, nicht einmal die Erde selbst. Auch sie ist mit allem, was es *dort draußen* gibt, gab und geben wird, verbunden.

Diese kleine kosmologische Abschweifung zeigt uns aber, dass

1) es kein Ende gibt – zumindest kann man es nicht denken, denn stets wird das Dahinterliegende mitgedacht;
2) die Vergänglichkeit nicht eine Abfolge von Ereignissen ist, die hintereinander vergehen, sondern ein Prinzip, das sowohl uns selbst betrifft als auch alles, was man sich vorstellen kann;
3) die Vergänglichkeit selbst vergänglich ist, dass wir somit keine Angst vor dem Ende zu haben brauchen, auch, weil
4) es gewiss irgendwann einmal von uns Avatare oder Klone geben wird – nicht heute und auch noch nicht morgen, aber übermorgen ganz gewiss.

Der menschliche Drang, einerseits Leben zu schaffen, andererseits überleben zu müssen, wird sich im letztgenannten Punkt sicherlich nicht aufhalten lassen, auch wenn dies ethisch höchst bedenklich ist. Ich meine, dafür aber eine bessere Lösung gefunden zu haben – sie findet sich am Ende des Buches.

Helfen uns diese Erkenntnisse für das alltägliche Leben? Eine alleinerziehende Mutter wird andere Probleme haben, ein Arbeitsloser sicherlich auch. Luxusprobleme also? Etwas für Philosophen und andere Abenteurer des Geistes?
So einfach ist es sicherlich nicht. Denn – und das ist eher bedauernswert – es hat uns nie jemand mit dem Umstand der Vergänglichkeit vertraut gemacht. In der Schule haben wir zwar etwas über den Knochenbau der Affen von Gibraltar gelernt, doch dass wir sterblich sind, das wurde uns verschwiegen, sogar im Religions- oder Ethikunterricht. Es gab Zeiten, in denen man einen Totenschädel auf dem Schreibtisch hatte, um sich daran zu erinnern, dass wir nicht Tag noch Stunde kennen, in denen uns das Unausweichliche begegnen wird bzw. wir ihm. Es gab Epochen, da wurde das *Memento mori (Bedenke, dass du sterblich bist!)* in Marmor

gehauen und über Haustüren angebracht. Nicht wenige Kulturen lebten im Bewusstsein der Vergänglichkeit und konnten sich mit ihr arrangieren. Erst der moderne, nachindustrielle Mensch hat die Tatsache tabuisiert, dass er sterben wird und dass kaum etwas von dem, was ihn ausmachte, zurückbleibt. Kein Wunder, denn die Fortschritte der Medizin, die das biologische Alter weiter und weiter nach hinten verlagern, sorgen dafür, dass wir immer weniger an das, was vergeht, vergehen muss, denken. Wir leben, als lebten wir ewig. Das ist einerseits gut, hat aber bedenkliche Konsequenzen. Indem wir den Tod gedanklich aus unserem Leben verdrängen bzw. die letztendliche Nichtigkeit unserer Handlungen verleugnen, können wir die Achtsamkeit vor dem Leben an sich verlieren. Erst, wenn ich weiß, dass dieses irgendwann zu Ende gehen wird, weiß ich es auch wirklich zu schätzen. Und nicht nur das meine, sondern auch das der anderen.

Der Ausweg aus dem *Memento mori* ist ebenfalls lateinisch und heißt *Carpe diem (Nütze, wörtlich: pflücke den Tag).* Wenn schon, denn schon, ist die moderne Entsprechung dazu. Wenn wir schon sterben müssen, wenn alles, was ist, vergeht, dann sollten wir es wenigstens – solange es geht – genießen. Ist dies blanker Hedonismus? Oder eine Strategie zu überleben und nicht in Depression zu verfallen, weil uns angesichts des ewigen Nichts nur diese einzige Möglichkeit bleibt? Das wäre doch etwas für die Hersteller von Jahreskalendern! Nicht *Chefkalender* sollten sie sie nennen, denn wie viele Chefs kaufen denn überhaupt ein solches Produkt, sondern *Nutze den Tag*! In New York, wo die Menschen ohnedies *quick and effective* leben, wäre ein solcher Kalender zwar sicherlich kein Renner, aber hierzulande könnte er durchaus zu großen Auflagen gelangen.

Apropos New York: Dort erlebte ich *Nutze den Tag!* einmal in Reinkultur. Eine berühmte Pianistin gab ihr Abschiedskonzert in der Carnegie Hall. Es war Winter, weshalb es nicht verwunderlich war, dass die Gäste im Mantel kamen, gelegentlich sah man sogar Pelz, was in New York eher verpönt ist. Was mich aber erstaunte, war die Tatsache, dass die meisten Besucher ihre Mäntel nicht an der Garderobe abgaben, sondern sie mit in den Saal nahmen und auf ihren Schoß legten. Nach dem Konzert gab es lang anhaltenden

Applaus, dann jagte das Publikum davon – vermutlich zum nächsten Ereignis. Den Mantel musste nun niemand mehr an der Garderobe abholen, man hatte ihn ja schon dabei. In der Tat: *schnell und effektiv* ist diese Lebenshaltung, in jener Stadt, *die niemals schläft*, die also keinen Stillstand kennt. Das änderte sich auch nicht durch den 11. September 2001. Und das ist gut so – denn was könnte man dem Schrecken entgegensetzen, wenn nicht Aktivität? Menschen sind zum Handeln verdammt.

Man darf aber nicht annehmen, durch eine erhöhte Frequenz an Aktivität könne man dem Thema der *Vanitas,* der Vergänglichkeit, entgehen. Es gibt Menschen, die dies – bewusst oder unbewusst sei dahingestellt – tun. Hyperaktivität ist indes kein Mittel, vor dem Unausweichlichen zu fliehen. Wer seinen Tag mit Terminen und Aktivitäten so vollstopft, dass ihm kein Raum zum Nachdenken mehr bleibt, der wird früher oder später mit dem Thema dieses Buches in aller Härte konfrontiert. Der Reformator Martin Luther sagte einmal: *Ich habe heute viel zu tun, darum muss ich heute viel beten.* Darin liegt eine tiefe Weisheit. Je mehr man tun muss, umso mehr sollte man sich zurückbesinnen auf das, was wirklich wichtig ist. Nicht umsonst erkennen *Burn-out-Patienten* während ihrer Behandlung, dass Werte wie Familie, Freundschaft, Gesundheit und Zeit für sich zu haben wesentlich wichtiger sind als jene Pseudowerte, denen sie vor ihrer Erkrankung nachgelaufen waren – hauptsächlich der Karriere und dem Geld.

Egal, wie viel Besitz wir im Laufe unseres Lebens angehäuft haben, wir können nichts davon mitnehmen. Wir gehen so nackt, wie wir kamen, das wissen wir und wollen es dennoch nicht wahrhaben. In Bayern heißt dieser Gedanke *Das letzte Hemd hat keine Taschen.* Gemeint ist das Totenhemd, das man dem Verstorbenen überzieht, damit – ja, warum eigentlich? Eben, damit wir nicht so entblößt die letzte Reise antreten, wie wir es waren, als wir das Licht der Welt erblickten. *Die Würde des Menschen ist unantastbar – auch im Tode.*

ANREGUNG 8

WAS: *Den Tag zu nutzen heißt nicht, ihn und damit uns selbst zu überfrachten. Selbst wenn alles vergeht, ist es schön, das Dasein zu genießen. Oder gerade weil alles vergeht. Das Beste aus diesem Umstand zu machen, erscheint uns als die große Aufgabe, die einem jeden bevorsteht. Doch was ist das Beste? Aus dem Vollen schöpfen, die Fülle des Lebens erfassen? Wie aber nehme ich diese wahr? Indem ich den Auftrag des Lebens erfülle und die Dinge, die mir begegnen, nicht „erledige", sondern sie als Herausforderung annehme, mehr zu werden, als ich bin. Zwar bin ich auch heute schon jemand, aber es ist schön, nicht stehen zu bleiben, sondern sich weiterzuentwickeln. Das Leben hat immer etwas parat, das uns überrascht. Darin liegt seine unfassbare Faszination. Wir kennen wohl alle die Bilder vom Mars. Dort gibt es außer roter Wüste nichts. Wieso lernen wir nicht das zu schätzen, was wir hier auf der Erde haben?*

Hiersein ist herrlich; ich will so viel wie möglich erfahren.

WIE: *Kaufen Sie sich ein Ticket für eine eintägige Zugfahrt. Das Ziel sollte durchaus im selben Land liegen, aber möglichst weit von Ihrem Ausgangspunkt entfernt sein. Nehmen Sie kein Gepäck mit, keine Zeitung, kein Handy, nichts zu essen, nur etwas Geld, damit Sie unterwegs nicht unter Hunger oder Durst leiden müssen. Setzen Sie sich nicht auf einen Einzelplatz. Öffnen Sie sich für das, was nun geschieht. Sprechen Sie die Mitreisenden an und warten Sie nicht darauf, dass diese auf Sie zukommen. Schreiben Sie alles, was Sie erlebt haben, am Abend, nach Ihrer Rückkehr für sich auf. Was war das für ein Tag? Bedeutend, unbedeutend? Haben Sie interessante Menschen kennengelernt? Wie waren die Gespräche? Haben Sie Ihren Horizont durch diesen kurzen Ausstieg aus Ihrem gewohnten Umfeld erweitert? Was bedeutet Ihnen eine Zugfahrt an sich? Konnten Sie erkennen, dass es sich hier um ein Symbol für Ihre Lebensreise handelt?*

IX

WIE PROBLEME KLEINER WERDEN

Ein enger Freund von mir durchlebt gerade eine schmerzliche Phase der möglichen Trennung von seiner Frau. Beide sind in Paartherapie, was hilft, zumindest wieder miteinander ins Gespräch zu kommen und die eisige Skepsis zu überwinden.

Zu Beginn des Trennungsprozesses gab ich meinem Freund ein Buch, das ich einmal zusammen mit einem Psychologen zum Thema *verlassener Mann* geschrieben hatte. Es war ihm zu philosophisch, er wollte etwas Konkretes, das ihm sofort helfe. Ich sagte ihm, das sei verständlich, doch er verhalte sich wie ein Patient, der beim Arzt eine Medizin gegen sein Leiden verlange, ohne sich mit der Ursache desselben beschäftigen zu wollen. Als ich erkannte, dass er noch nicht so weit war, diese Bewusstheitsarbeit anzugehen, erzählte ich ihm von der Google-Earth-Reverse-Strategie, die ich in der Anregung beschreibe. Und siehe da, er wurde von Tag zu Tag gelöster. Das Problem verschwand zwar nicht, aber er konnte es mit einem Mal mit mehr Abstand betrachten …

Generell ist zu sagen, dass nicht wir die Probleme lösen sollen, sondern dass wir dafür Sorge zu tragen haben, dass sich die Probleme von uns lösen. Am besten wäre es natürlich, sie würden gar nicht auftreten. Das wäre aber zutiefst unmenschlich. Offenbar können wir – egal welche gesellschaftliche Stellung wir einnehmen – nicht ohne Probleme leben. Ob wir erfolgreich oder erfolglos sind – wir müssen Probleme haben oder sie uns schaffen, um uns lebendig zu fühlen. Entweder wir lösen sie und fühlen uns dadurch mächtig und stolz, oder wir scheitern an ihnen und können die Schuld daran anderen zuschieben, was uns ebenfalls eine gewisse Befriedigung erleben lässt.

Wer käme unter solchen Voraussetzungen schon auf die Idee, alle (privaten) Probleme auf der Welt (ich meine nicht Klima-, Finanz- und sonstige Krisen!) unter dem Motto der Vergänglichkeit zu sehen bzw. so weit zu abstrahieren, dass man sie als ebenso vergänglich ansieht wie alles andere? Ist das zu viel verlangt? Könnte man sich vorstellen, ein Leben zu führen, das private Probleme mit Schule, Universität, Eltern, Partnern, Freunden etc. gar nicht erst aufkommen lässt? Was das Thema *Gesundheit* betrifft, so entwickelt sich deren Gegenteil nicht selten aus den gerade erwähnten Problemen, die unser Leben auch hier maßgeblich beeinflussen können.

Wie aber sind Probleme generell zu vermeiden? Indem wir unser Wünschen reduzieren. Indem wir ganz gezielt *Nein* zu den flüchtigen Verlockungen sagen. Indem wir uns von allen Anhaftungen befreien, selbst von der Vorstellung, dass wir eines Tages sterben müssen, auch wenn es im Rosenkranzgebet *Jetzt und in der Stunde unseres Todes* heißt. Was soll damit verdeutlicht werden?

Jetzt: Damit ist der konkrete Augenblick gemeint, in dem wir uns über unser Dasein klar werden und uns mit der Tatsache vertraut machen sollten, dass es nicht ewig währt – woraus wir im besten Fall die Konsequenz ziehen, unser Leben am Guten zu orientieren. *In der Stunde unseres Todes:* In dem Moment, in dem wir erkennen, dass unser Leben vorbei sein wird, müssen wir aktiv und passiv zugleich uns eines Wortes erinnern: *Vergebung.* Wir müssen all denen, die uns schadeten, vergeben (siehe auch die Geschichte von

Rabbi Schachter im Kapitel 22) – und gleichzeitig hoffen, dass uns vergeben wird für all das, womit wir, willentlich oder unwillentlich, anderen Schaden zufügten. Nun werden Sie sich vielleicht fragen: Geht das, wenn man bei einem Autounfall stirbt oder durch ein anderes Unglück plötzlich zu Tode kommt? Der Buddhismus gibt darauf eine eindeutige Antwort: Ja, es geht. Deshalb, weil das Bewusstsein den Moment des Sterbens erkennt und sich von allem, was an Ungeklärtem noch in uns vorhanden ist, befreien will. Gelingt es, können wir zu einer gereinigten Inkarnation eilen, schaffen wir es nicht, müssen wir im nächsten Leben mit schlechtem Karma starten. Das christliche Pendant dazu sind Vorhölle und Hölle. Auch wenn beide Vorstellungen ursprünglich aus dem moralischen Anspruch entstanden sind, unser Sein dem Guten zu widmen, und es vielleicht weder Inkarnationen noch Auferstehung oder eine Hölle gibt, schaden kann es gewiss nicht, noch zu Lebzeiten zu verzeihen oder um Verzeihung zu bitten. Auf jeden Fall wird unser Herz dann um einiges ruhiger werden.

ANREGUNG 9

WAS: *Wenn ich mich auf meinen Ursprung besinne, dann gelingt es mir, ein Bewusstsein zu entwickeln, das sich von den konkreten Problemen löst, bevor sie entstehen. Ich erkenne, dass Menschen es zwar lieben, mit Problemen zu leben, aber ich möchte eine Stufe weitergehen. Oft schafft die Lösung von Problemen neue, andere Probleme, sodass wir nie aus diesem Teufelskreis herauskommen. Hier setzt mein neues Leben an, indem ich gar nicht danach trachte, die Probleme zu lösen, sondern indem ich mich von ihnen verabschiede. Ich bedarf ihrer nicht. Und genauso nehme ich auch das Thema der Vergänglichkeit wahr. Ich verstehe zwar, dass nichts bleibt, aber es berührt mich nicht mehr, da ich es akzeptiert habe und nun DAS BESTE daraus zu machen versuche.*

Ich freue mich darüber, dass nichts bleibt, wie es ist, denn dadurch eröffnen sich mir ständig neue Horizonte.

WIE: *Wenn ich private Probleme bewältigen muss, wende ich das, was nun kommt, immer wieder an. Es ist zwar jenem Trick mit der Zukunft, den ich schon vorstellte, ähnlich, aber gelegentlich sogar noch wirksamer. Was geschieht dabei? Die meisten von uns kennen Google Earth, also jenes System, in dem man durch Satellitenaufnahmen auf jede Stadt, auf jede Straße, auf jedes einzelne Haus zoomen kann. Ein faszinierendes Spielzeug nicht nur für Ordnungshüter und Militärs, sondern für jedermann. Und hier setzt mein Gedanke an. Jeder hat Probleme, deren Lösung ihn manchmal überfordert. Stellen Sie sich deshalb vor, Sie säßen mit Ihrer schwierigen Angelegenheit am Computer. Nun scrollen Sie mit Google Earth auf das Haus, in dem Sie sich gegenwärtig mit Ihrem scheinbar unlösbaren Problem aufhalten. Haben Sie das Haus gefunden, halten Sie einen Augenblick inne und schreiben das Problem gedanklich auf einen Zettel Papier, den Sie an eines der Fenster kleben, die man auf dem Bildschirm erkennen kann. Dann machen Sie erneut eine kurze Pause. Und jetzt zoomen Sie mit Google Earth rückwärts, also dorthin, wo der Ausgangspunkt war. Lassen Sie das ganz langsam geschehen. Und je mehr Sie sich nun von Ihrem Fenster mit dem Papier, auf dem das Problem geschrieben steht, entfernen, je mehr Sie einen Blick von außerhalb auf das Haus, die Straße, die Stadt, das Land, den Kontinent und schließlich auf die Erde in toto gewinnen, umso kleiner wird auch das Problem, bis es schließlich ganz verschwindet. Es existiert dort draußen schlichtweg nicht. Wenn dem aber so ist, dann hat es auch hier unten keine Macht über Sie.*

Mit diesem Trick löst man das Problem zwar noch nicht, aber man lernt, es zu relativieren. Wenn man noch zusätzlich bedenkt, dass man irgendwann sterben muss, dann kann man über die Schwierigkeit, der man sich ausgesetzt sieht, höchstens noch lachen. Denn mit dem Tod vergehen ohnedies alle Probleme. Und weil wir sterben müssen, werden wir dann auch keine Sorgen mehr haben.

Diese zugegebenermaßen sehr individuelle Problemlösungs- bzw. Problemverabschiedungsstrategie ist von größtem Nutzen, da wir durch sie eine gewisse Ausgeglichenheit, eine größere Ruhe finden. So fällt es uns leichter, unseren Kummer loszulassen und dem anderen oder uns selbst zu verzeihen.

X

„LASS DEIN LEBEN LACHEN!“

Die in der Überschrift zitierte Aufforderung stammt von der sechsjährigen Leila. Sie richtete sie an ihre Mutter, als diese ihr einmal traurig vorkam. Erstaunlich für ein so junges Kind, sollte man meinen. Aber sind es nicht gerade die Kinder, die, weil sie noch völlig unverdorben sind, verstehen, was gerade nicht stimmt? Leilas Mutter arbeitet auf dem Gebiet der ganzheitlichen Lebensberatung, hilft also Menschen dabei, jene Harmonie zu finden, die ihnen im Laufe ihres Lebens verloren ging. Dabei kann eine Verbesserung der Qualität der häuslichen Atmosphäre manches Mal mehr bewirken als nur therapeutische Gespräche. Um ein Dasein in Freude zu (er)leben, bedarf es – so viel wissen wir mittlerweile – nicht unbe-

dingt großer Reichtümer. Gerade die verschiedenen Krisen, welche die Welt und ihre Gesellschaften in den letzten Jahren heimsuchten, haben gezeigt, dass *Mein Haus, mein Auto, mein Boot* nicht unbedingt selig machen, sondern dass es andere – meist immaterielle und vor allem nachhaltige – Werte sind, denen dies gelingt. Weshalb ist das so? Weil wir zwar instinktiv Haus, Auto und Boot erstrebenswert finden, um uns unabhängig zu fühlen, wir aber andererseits ahnen, dass es Unabhängigkeit in toto niemals geben wird, denn es ist auf dieser Welt eben alles von allem abhängig. Das Glücksgefühl, das der Besitz dieser Güter auslöst, ist außerdem nur relativ kurz. Schnell wird derselbe zur Gewohnheit oder gar zur Quelle von Sorgen. Ganz anders steht es um die immateriellen Werte. Uns ist klar, dass diese wesentlich glücklicher machen als die materiellen, denn Familie, Freunde, Gespräche, Intimität, Glaube sind durch nichts zu ersetzen. Gerade weil uns das moderne Leben zwingt, uns immer mehr zu entäußern, wird das Bedürfnis nach wirklicher Nähe zu dem, was das Leben ausmacht, ständig größer.
Und was ist es nun, was dieses *im Innersten zusammenhält*? Die Tatsache, dass wir letztlich alle eins sind. Wir kommen darin überein, dass wir geboren werden und dass wir sterben müssen, dass wir lieben können und hassen, dass wir uns als Herdentiere nach Zusammenhalt sehnen und dass wir die Fähigkeit haben, über unsere Grenzen hinauszugehen. Der Mensch ist eine erstaunliche Erfolgsgeschichte der Evolution, denn die Kakerlaken beispielsweise haben es nicht geschafft, auf den Mond zu fliegen … Das Denken des sich selbst bedenkenden, reflektierenden Menschen ist es, was ihn vom Tier unterscheidet. Er kann vorwärts und zurück denken, er ist fähig, in Vergangenheit, Gegenwart und Zukunft gleichzeitig unterwegs zu sein, er kann sich sogar vorstellen, wie es ist, wenn er nicht mehr ist.

Was heißt *Lass dein Leben lachen!* eigentlich? Was will uns das sechsjährige Kind damit sagen? Dasselbe, was uns die Lehre des Zen mitteilen will, wenn sie dem Suchenden hilft, zu erkennen, dass die Erkenntnis nicht im ewigen Studieren liegt, sondern z. B. im Betrachten einer Petersilienwurzel? Oder das, was der *Lucky Buddha* symbolisiert, nämlich dass der am glücklichsten ist, der sich mit wenig zufriedengibt? Oder soll die Aufforderung bedeuten, dass man es selbst in der Hand (bzw. auf den Lippen oder im Herzen) hat, alles, was das Leben anficht, wegzulachen, auf dass das Leben triumphiere? Lachen als Mittel gegen die unabänderliche Tatsache, dass alles, aber auch wirklich alles Materielle vergehen wird? Bleibt uns denn eine andere Möglichkeit, als zu lachen? Wir könnten genauso gut weinen! Gewiss dürfen wir auch das, am besten freilich vor Freude!

Ist die Freude am Dasein die einzige Möglichkeit, den Unbilden der Vergänglichkeit zu entfliehen? Fast scheint es so. Aber wohnt dieser Vergänglichkeit nicht ebenjener Zauber inne, der die *Dinge* so wertvoll macht, und uns *selbst* ebenfalls? Welche Gefühle hätten wir unseren Eltern, Geschwistern, Verwandten, Freunden und Bekannten gegenüber, wenn wir wüssten, sie würden uns schon morgen für immer verlassen?

Erkennen wir die Wichtigkeit von etwas nur aufgrund seiner Begrenztheit? Hat, was im Überfluss vorhanden ist, weniger Wert? Die *Blaue Mauritius* ist die berühmteste Briefmarke der Welt, weil sie nur ganz wenige Male vorhanden ist. Ein begnadeter Fußballspieler ist deshalb so teuer, weil es nur wenige wirklich herausragende Ballkünstler gibt. Ein Gemälde von Leonardo da Vinci ist unbezahlbar, weil es nur eine Handvoll echter Meister gab, die so tiefgründig malten wie er. Teuer (auch im Sinne von geliebt) ist also alles, was einmalig ist. Das Leben selbst ist – auch wenn es im Überfluss vorhanden ist – einmalig. Und wir er-leben es in der Spannung des Zuviel und des Zuwenig. Allgemein gesehen gibt es Leben in billionenfacher Weise, individuell aber gibt es nur das meine, von dem ich fälschlicherweise annehme, dass es mir gehört. Denn dass ich es eines Tages zurückgeben muss, das hat mir niemand mitgeteilt – wie auch? Und hätte es mir vielleicht doch jemand gesagt, ich hätte es wahrscheinlich verstanden, aber nicht wirklich nachvollziehen können.

Während ich diese Worte schreibe, denke ich an mein eigenes Ende. Und obwohl ich daran denke, kann ich es mir nicht in realiter vorstellen. Gewiss, ich werde eines Tages nicht mehr sein, und ich habe auch keine Angst vor diesem Zustand, aber wirklich zu spüren, wie es ist, nicht zu sein, das gelingt, während man ist, nicht. Der griechische Philosoph Epikur hat diesen Gedanken folgendermaßen ausgedrückt: *Der Tod ist nichts; denn wenn wir sind, ist er nicht, und wenn er ist, sind wir nicht.* Das ist es wohl, worüber unser Leben lacht! Und vielleicht wäre dieses Zitat sogar eine schöne Inschrift auf meinem Grabstein.
Darüber hatte ich mir schon vor Jahren ernsthafte Gedanken gemacht. *Ich war nicht, sondern werde* wollte ich damals schreiben lassen, wenn es so weit wäre. Später war es meine Erkenntnis aus meiner Magisterarbeit in Philosophie, die ich dort verewigt wissen wollte: *Freiheit ist Friede als Liebe.* Auch nicht schlecht. Vielleicht nehme ich diesen Satz, schon weil er kürzer ist und besser auf den Grabstein passt. Nachkommende Generationen können dann darüber nachdenken, was ich damit meinte … so wie bei Rilke, über dessen rätselhaften Grabspruch schon viele Doktorarbeiten geschrieben wurden. *Rose, oh reiner Widerspruch. Lust, Niemandes Schlaf zu sein unter soviel Lidern* steht auf der verwitterten Grabplatte auf dem kleinen Bergfriedhof im wallisischen Örtchen Raron. Ich habe den guten Rainer Maria in Verdacht, ganz bewusst etwas ersonnen zu haben, das interessant klingt, aber vielleicht gar keinen Sinn hat. So bleibt man nämlich im Gespräch. Schon König Ludwig II. schrieb: *Ein ewiges Rätsel will ich bleiben, mir und anderen …* Das ist ihm schließlich gelungen – auch ein schöner Weg, mit der Vergänglichkeit fertigzuwerden und über den Tod hinaus für Diskussionsstoff zu sorgen.

Die Schriftstellerin Bertha Eckstein-Diener, die ihre Bücher unter dem Pseudonym *Sir Galahad* veröffentlichte und die Aufsätze von Prentice Mulford, des bedeutendsten Vertreters der amerikanischen Neugeist-Bewegung, unter dem Titel *Vom Unfug des Lebens und des Sterbens* übersetzte, stellte hingegen die wichtigste

Schlussfolgerung, durch die abendländische Logik vermittelt werden soll, infrage. Dieser Syllogismus besagt: *Alle Menschen sind sterblich. Sokrates ist ein Mensch. Also ist Sokrates sterblich.*
Dem hält Sir Galahad entgegen, dass man über alle Menschen keinerlei Aussagen machen könne. Denn wir wissen nicht, ob unter uns ein Unsterblicher weilt oder demnächst einer geboren wird, der unsterblich sein wird. Ein spannender Gedanke, wie ich meine, und zugleich einer, der uns einerseits unsere Ohnmacht erkennen lässt, andererseits aber Hoffnung macht, dass sich die Sache mit dem Tod und der Vergänglichkeit vielleicht doch nicht so verhält, wie man uns eingebläut hat. Während des Studiums der Philosophie, welche die Lehre vom schlussfolgernden Denken beinhaltet, schrieben wir als Studenten im Sinne von Sir Galahad an die Tafel: *Wissen ist Macht. Wir wissen nix. Macht nix.* Darüber konnten wir uns dann wahrhaft freuen.

ANREGUNG 10

WAS: *Es ist erstaunlich, dass der Mensch fähig ist, während seines Daseins über sein Ende nachzudenken, obwohl er keine direkte Erfahrung damit hat, da er Ende nur bei anderen erlebt. Wer aber sagt uns denn, dass es bei uns genauso sein muss? Und wer weiß, was die Toten empfinden? Ist mit dem Ende wirklich alles aus? Was wissen wir? Nichts. Wir können nur Vermutungen anstellen, wir können aber nicht mit letzter Gewissheit über die letzten Dinge sprechen. Allerdings zeigen die Erkenntnisse der Neurowissenschaft, dass die Möglichkeit eines Lebens nach dem Leben offenbar konkreter ist als bislang vermutet. Die Hoffnung wächst …*

Ich weiß zwar um mein Ende, lasse aber mein Leben lachen.

WIE: *Ich stelle mir mein Ende vor.*
Ich denke daran, dass ich eines Tages sterben werde.
Ich frage mich:
Wie wird das vor sich gehen?
Werde ich Schmerzen haben?
Werden andere über meinen Tod tieftraurig sein?
Wird mich jemand vermissen? Wenn ja, wer wird das sein?
Habe ich der Welt etwas Besonderes hinterlassen, etwas, dessen Urheber nun nicht mehr da ist? Was war es, das ich schuf?
Wenn es nichts gibt, das ich schuf, möchte ich es jetzt noch nachholen? Wenn ja, warum fange ich dann nicht sofort damit an?

XI

DIE ZERRINNENDE ZEIT

Daseinsfreude heißt, sich am Dasein zu erfreuen und zu verstehen, dass Ereignisse nicht zwangsweise so kommen müssen, wie sie kommen. Das hat Folgen. Denn wir erkennen, dass alles in Bewegung ist, wir also immer eine Wahl haben, wie wir handeln wollen. Wenn wir einmal darüber nachdenken, dass sich z. B. der magnetische Nordpol jedes Jahr um viele Kilometer verschiebt oder durch die Bewegung der tektonischen Platten Erdbeben entstehen, müssten wir allein hieran erkennen, dass Bewegung die maßgebende Definition ist für alles, was es auf Erden gibt. Alles, was ist, bewegt sich, das gilt für die Gedanken genauso wie für die Gestirne. Es würde nicht schaden, wenn auch Politiker und die hinter ihnen stehenden Berater diesen Umstand in ihr Denken und Handeln (in dieser Reihenfolge!) mit einbeziehen würden. Schrecknisse wie etwa die Berliner Mauer hätten der Menschheit erspart bleiben können – denn die, die sie einst errichtet haben, hätten ahnen können, dass keine Mauer bestehen bleibt. Entweder sie dient später touristischen Zwecken, wie es bei der chinesischen Mauer der Fall ist, oder sie zerfällt, weil sie unnötig wurde und in Vergessenheit geriet, oder aber sie wird irgendwann einmal aktiv vom Volk niedergerissen. Es hat also keinen Sinn, Mauern zu errichten oder künstlich Grenzen zu ziehen, um Städte oder Länder zu teilen, denn das Streben der Menschen nach Einheit, nach Zusammengehörigkeit stellt eine kollektive Energie dar, die sich irgendwann Bahn bricht.

Meiner Meinung nach gibt es nur einen guten Weg, das Zeitliche zu überdauern, und das ist, sich vor jeder Handlung zu fragen, was wir damit bezwecken möchten und welche Auswirkungen sie auf andere und anderes haben wird. Mutter Teresa hat sicher so gedacht und gehandelt, daher wird man noch viele Jahrhunderte von ihr sprechen, auch von Nelson Mandela, ebenso wie von Albert Schweitzer, um nur einige positive Beispiele zu nennen.

Mitgeschöpflichkeit ist einer der wichtigsten Werte, die es gibt. Diese Haltung lässt uns unsere Nächsten verstehen, anstatt auf unseren Vorteil zu achten. Sie fordert, dass wir die, die wir lieben, bejahend begleiten, selbst auf die Gefahr hin, dass wir die Wege, die sie gehen, nicht mehr verstehen werden. Wie erfüllend ist es, von jemandem gesagt zu bekommen: *You brightened my day (Du hast meinen Tag erhellt)*! Und wie grausam ist es, sich in einem Gewalt- und Unrechtsregime davor zu fürchten, dass das, was man sagt, sogleich zur Verhaftung führen wird. Aus dieser Sicht sind Freiheit, Friede, Sicherheit, Gerechtigkeit und Demokratie die höchsten Güter, die wir besitzen. Sie sind aber stets der Gefahr ausgesetzt, dass wir sie verlieren. Ein Kabarettist hat uns – in Anspielung auf den *Arabischen Frühling* – just davor gewarnt, indem er sagte, dass die Menschen in Tunesien, Ägypten und Libyen nun endlich wählen dürften – wir seien da schon weiter, wir gingen gar nicht mehr zu Wahl.

Denn alles Fleisch, es ist wie Gras
Und alle Herrlichkeit des Menschen wie des Grases Blumen.

Was Johannes Brahms hier in seinem Werk „Ein deutsches Requiem“ mit Worten aus dem ersten Brief des Petrus, Vers 24, ausdrückt, ist nichts anderes als der Hinweis auf unsere Vergänglichkeit. Salvador Dalí hat dies mit seinem Bild *Die zerrinnende Zeit* eindringlich dargestellt. Es zeigt vier Taschenuhren, die allesamt zerfließen; dazu gibt es die Symbole der Fliege (Zeit) und der Ameise (Verfall). Dieses Bild trägt aber auch noch einen anderen Titel, nämlich *Die Beständigkeit der Erinnerung.*

Der Mensch, will Dalí sagen, ist vergänglich, seine *Uhr* läuft irgendwann einmal ab, aber die Erinnerung bleibt. Einmal die Erinnerung *des* Menschen, der, solange er lebt, dazu fähig ist, sich zu erinnern und somit dem Schwinden der Zeit trotzen kann; zum anderen aber auch die Erinnerung *an den* Menschen, der es durch seine Taten geschafft hat, im individuellen wie im kollektiven Gedächtnis haften zu bleiben. Wie lange das dauert, hängt wohl von dem ab, was er geschaffen hat. Die Schriften des Platon z B. haben schon 2500 Jahre überdauert, die Worte des Siddharta oder Gautama Buddha ebenso. Was immer wir tun, es wird seine Auswirkungen haben – und wir können nicht wissen, wie lange diese anhalten werden, wir können aber sicher sein, dass sie irgendjemanden oder irgendetwas beeinflussen werden. Daher ist es ja so wichtig, sich dem zuzuwenden, von dem man ahnen kann, dass es in der Betrachtung der menschlichen Geschichte als positiv vermerkt wird, egal ob es sich um ein Kunstwerk, ein Bauwerk, eine Tat, eine Idee oder was auch immer handelt. Wichtig ist nur, dass etwas der Menschheit als solches einen Seinszuwachs erwirkt hat, dass die Menschen dadurch also einen weiteren Schritt zu einem besseren oder einem erfüllteren Leben vollziehen.

ANREGUNG 11

WAS: *Wenn die Zeit verrinnt, so verrinnt das, was uns den Rhythmus vorgibt. Nichts wird unweigerlich je wieder so sein, wie es war. Unsere Herrlichkeit verdorrt wie die Lilien auf dem Felde. Es ist uns ein gewisser Korridor gegeben, in dem wir uns entfalten können, aber bald ist es vorbei. Deshalb ist es sinnvoll, danach zu trachten, dass wir alles, was wir unternehmen, be-dacht tun, damit es sich geschützt entwickeln kann.*

Ich denke, bevor ich handle, und ich denke daran, dass dies meine letzte Handlung sein könnte.

WIE: *Nehmen Sie Ihre Uhr vom Handgelenk und legen Sie sie vor sich hin. Ziehen Sie die Krone (so es sich nicht um ein automatisches Laufwerk handelt) heraus und bringen Sie die Uhr auf diese Weise zum Stillstand. Auch die Unruhe (welch passender Begriff!) hat nun mit ihrer Bewegung aufgehört. Nun drücken Sie die Krone wieder hinein und sehen der Uhr eine Minute lang beim Vorwärtsschreiten der Zeit zu. Danach halten Sie sie erneut an und wiederholen den Vorgang des Wieder-in-Gang-Setzens eine Minute später.*

Stellen Sie sich jedes Mal vor, wenn die Uhr wieder läuft, dass Sie selbst es sind, der da wortwörtlich in Gang gesetzt wurde; denken Sie auch daran, dass Ihr Laufwerk wie dasjenige der Uhr eines Tages zu laufen aufhören wird – entweder ganz plötzlich oder in einem Prozess, der fast unmerklich geschieht.

Versuchen Sie danach, einen Tag lang ohne Uhr auszukommen. Lernen Sie dabei Ihren inneren Rhythmus kennen. Können Sie fühlen, wie die Zeit fließt? Fließt Sie nur vorwärts? Oder kann sie auch rückwärts fließen? Schließen Sie die Augen und stellen Sie sich beides vor. Der Punkt, an dem sich die Zeit weder vorwärts noch rückwärts bewegt, ist Ihre konkrete Gegenwart, Ihr Jetzt-Moment. Versuchen Sie, dieses Jetzt so auszudehnen wie auch den Raum, in dem Sie sich befinden (und der sich auch wiederum in einem Raum aufhält und so fort.).

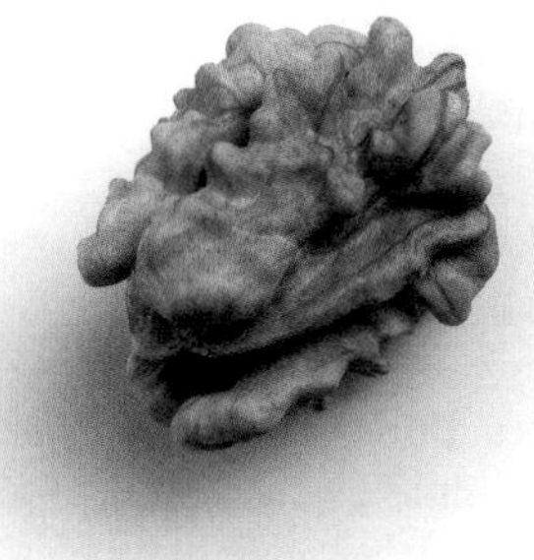

XII

DAS LETZTE MAL

Eine der erschreckendsten Erkenntnisse, die man im Leben gewinnen kann, ist diejenige, dass man alles irgendwann ein letztes Mal tut. Wir trinken zum letzten Mal einen Cappuccino, haben zum letzten Mal Sex, binden uns zum letzten Mal die eleganten Schuhe, die wir so lieben, essen zum letzten Mal einen Royal-Gala-Apfel, stehen zum letzten Mal morgens auf, sehen unseren Partner ein letztes Mal, formen zum letzten Mal einen Schneeball, dösen ein letztes Mal in der Sonne, schwimmen ein letztes Mal im Ägäischen Meer, atmen ein letztes Mal die klare Bergluft, die uns umgibt. Und wir wissen nicht, dass es das letzte Mal ist … *dass dies nie mehr und nie wieder* sein wird.

Die im vorletzten Kapitel erwähnte Leila antwortete auf die Frage, was sie denn tun würde, wenn sie wüsste, dass morgen die Erde nicht mehr existierte: *Fahrrad fahren!*

Kann man eine bessere Auskunft geben? Das Interessante an ihr ist das, was sie impliziert, nämlich eine Bewegung. Leila würde nicht stehen bleiben, sondern diesem Ereignis handelnd begegnen. Sie würde nicht fliehen, sondern dem Unausweichlichen eine Aktion entgegensetzen.
Martin Luther sagte Ähnliches: *Wenn ich wüsste, dass morgen die Welt zugrunde geht, würde ich heute noch ein Apfelbäumchen pflanzen.*
Alles, was wir tun, sehen, unternehmen, tun, sehen, unternehmen wir also ein letztes Mal, ohne es zu wissen. Doch wie würden wir uns denn verhalten, wenn wir wüssten, dass dies das letzte Mal ist? Wären wir beweglich wie Leila oder würden wir in Schockstarre verfallen und uns der Verzweiflung hingeben, weil wir festhalten wollen, was nicht festzuhalten ist?
Als eine meiner Tanten ihren 90. Geburtstag feierte und für das Familienfest extra von Schweden, wo sie lebte, auf die Fraueninsel im Chiemsee angereist kam, um all ihre Verwandten und Freunde noch einmal (!) um sich zu haben, fragte ich mich schon im Vorfeld, wie ich mich denn am Ende des Festes von ihr verabschieden würde. *Also, bis zum nächsten Mal!* oder *Machs gut!* oder *Auf Wiedersehen!* oder *Schön war´s!* Gibt es hierfür überhaupt die richtigen Worte, wenn man weiß, dass es unwahrscheinlich ist, sich je wiederzusehen? Ebenso muss es Liebenden ergehen, die erkennen, dass ihre Liebe abgeklungen ist und sie sich demnächst trennen werden. Welche Worte verwenden sie am Tag der Trennung oder an dem der Scheidung? *Tschüss*?
Gewiss kann man argumentieren, dass man sich eventuell irgendwann in einem anderen Zustand wieder treffen wird, aber was würde dies für den konkreten Jetzt-Moment helfen? Die bayerische Sprache hält für dieses Problem eine schöne Lösung parat. Dort sagt man beim Abschied gerne *Pfüad di (Gott),* was so viel bedeutet wie *Behüte dich Gott.*

Während ich diese Überlegungen anstelle, empfinde ich ein tiefes Unwohlsein, denn auch mir wird es so ergehen – und allen anderen Menschen auch. Nur denken vielleicht nicht alle über dieses Thema so intensiv nach. Dies zu tun wäre aber gewiss besser, vor allem, wenn man sich Folgendes vor Augen hält:

Wir alle müssen sterben (zumindest sieht es danach aus); wir alle wissen (vermutlich) nicht, wann dies sein wird; wir alle leben nicht für uns alleine, sondern stets mit Familienangehörigen, Verwandten, Freunden, Bekannten. Was, wenn wir – kurz bevor wir sterben (was wir aber nicht wissen), noch mit einem oder mehreren dieser Menschen im Streit liegen? Wir werden nie mehr die Chance haben, das Missverständnis mit ihm auszuräumen, oder den Umstand, der zum Streit führte, ungeschehen zu machen, kurz: den Konflikt zu lösen. Umgekehrt können auch die anderen diesen Schaden nicht mehr beheben – und eine mögliche Entschuldigung sowie ein eventuelles Verzeihen würde keinen Adressaten finden.

Was lernen wir daraus? Dass es besser ist, mit niemandem Streit zu haben, denn Streit hat noch nie zu etwas geführt. Außer dazu, dass einer nachgibt oder nachgeben muss und der andere triumphiert. Aber was hat er schon von seinem Triumph? Lebt er dann tatsächlich besser? Wohl kaum!

Wir kommen alle darin überein, dass wir nicht bleiben und dass von dem, was wir haben, ebenfalls nichts bleibt. Wenn ich die Liebesbriefe meiner Urgroßeltern in Händen halte, überkommt mich dieser Gedanke verstärkt. Besonders da ihr Inhalt gar nicht mehr lesbar ist, weil niemand mehr die Sütterlinschrift lernt. Noch sind diese Briefe in meinem „Besitz“, aber irgendwann werden sie es nicht mehr sein, genauso wenig wie all das, was ich selbst in meinem Leben angehäuft habe. Dies landet dann bei eBay oder auf einem Flohmarkt. Anderen Leuten geht es offensichtlich ähnlich. Kürzlich fand ich im Internet beim *Zentralen Verzeichnis antiquarischer Bücher* das von mir herausgegebene und übersetzte Werk von Rilkes mütterlicher Freundin Marie von Thurn und Taxis *The Teaparty of Miss Moon*, ein Kinderbuch in allerfeinster Ausstattung. Ich war bass erstaunt, dass es dort mit meiner handschriftlichen Widmung angeboten wurde. Ob der Besitzer des Buches wohl gestorben war und seine Hinterbliebenen nichts damit anzufangen wussten? Oder fand er einfach, dass es Zeit war, sich von angehäuften Dingen zu trennen? Es in ein Antiquariat zu geben, ist sicherlich nicht der schlechteste Weg, um sich seiner Bücher zu entledigen. Die Gedanken müssen kursieren. So sehe ich es auch, wenn ich eines der vielen Bücher, die ich in den letzten 30 Jahren als Autor, Übersetzer und meist als Herausgeber veröffentlicht habe, auf dem Flohmarkt zum Verkaufspreis von 1 Euro finde. Ich frage mich dann, ob ich „mich selbst kaufen" oder jemandem die Chance geben soll, „mich" zu entdecken ...

The Teaparty of Miss Moon war kurz nach der Jahrhundertwende auf Schloss Duino am Adriatischen Meer entstanden. Die Fürstin Marie von Thurn und Taxis hatte sich die Geschichte für ihre Enkelkinder Raymond und Louis ausgedacht, sie aufgeschrieben und mit wundervollen, in Gouache-Technik ausgeführten Bildern illustriert. Das Original auf dickem Zeichenpapier wurde in Goldschnitt gebunden und den Enkeln vorgelesen. Die Kinder liebten dieses Buch so sehr, dass sie auf den allabendlichen Besuch bei Miss Moon bestanden – und auch der nächsten Generation wurden die Gestalten der Geschichte auf gleiche Weise vertraut.
Da ich etwa ab meinem 25. Lebensjahr auf den Spuren des Dichters Rainer Maria Rilke reiste, der stets die schönsten Ecken Europas ausgemacht hatte, kam ich natürlich auch zum *Castel di Duino*. Zwischen Triest und Venedig liegt es hingetürmt an einer 200 Meter hohen Wand der Karnischen Alpen, die einen Zugang vom Meer aus unmöglich macht. Das Hinterland ist karstig, voller Steinbrüche und geologischer Überraschungen, voll von unterirdischen Quellen und Kratern. Vor dem Schloss steigt ein gewaltiger Felsen aus dem Meer. Den alten Völkern diente er als Stätte ihres Sonnenkults. Dann erbauten die Rosenkreutzer hier einen Tempel, jene legendäre Bruderschaft, die eine geistige Reform aller religiösen, kulturellen und politischen Verhältnisse anstrebte. Hier scheint die großartigste, mächtige Natur den Menschen selbst in seinem geistigen Streben anzunehmen und ihn zu beschützen.

Warum erzähle ich dies und was hat es überhaupt mit unserem Thema zu tun? Eines der Kinder, für die dieses Buch geschrieben wurde, war der Prinz *Raimondo della Torre e Tasso*, eine beeindruckende Persönlichkeit, der seine Lebensaufgabe darin sah, nicht nur die Paneuropa-Union zu fördern, sondern vor allem Menschen aus allen Teilen der Welt zu sich einzuladen – durch Veranstaltungen in den Bereichen Sport, Wissenschaft und Kunst. Diese drei Lebensbereiche, so der Fürst, brächten die Menschen zusammen, die Politik bewirke eher das Gegenteil.

Mit Raimondo della Torre e Tasso verband mich eine jahrelange Freundschaft, die erst mit seinem Tod 1986 endete. Duino, dessen Feste schon von Kaiser Diokletian gelegt wurde, bedeutete für mich nicht nur Rilke, sondern auch den Inbegriff europäischer Kultur, deren Ausdruck man wiederum in den unzähligen Räumlichkeiten bestaunen konnte. Ein Flügel, auf dem schon Franz Liszt gespielt hatte, Gemälde von Tintoretto, Tizian und allen anderen Größen der Kunstgeschichte, kostbare Möbel aus allen Stilepochen, Gobelins, Porzellan, griechische und römische Statuen, eine Wendeltreppe von Palladio, eine geheime Alchemisten-Küche – all dies versetzte mein jugendliches Herz immer wieder in Erstaunen. Viel mehr noch aber waren es die langen Gespräche mit Raimondo, in denen wir auch über das Abschiednehmen von allem, was ihn umgab, sprachen. Eines Abends fragte ich ihn, ob er denn als Kind je zwischen all diesen Schätzen hatte spielen können. Traurig schüttelte er den Kopf.

Damals dachte ich schon zum ersten Mal über das Thema *Vergänglichkeit* nach, um das es in diesem Buch geht: Was nützt denn all das, was über mehrere Generationen hinweg zusammengetragen wurde, wenn man als Kind nicht darin und damit spielen kann und wenn man im Alter davon Abschied zu nehmen hat?

Nachdem der Fürst gestorben war, musste sein Sohn – um die Erbschaftssteuer zu begleichen – in der Tat fast den gesamten Inhalt des Schlosses bei Christie's versteigern lassen. Heute ist Duino zwar immer noch in Familienbesitz und kann für Tagungen und Hochzeiten gemietet werden, auch in den herrlichen Gärten kann man noch umherflanieren, doch nichts erinnert mehr an jene Zeit, die ich dort erleben durfte – außer einem Exemplar des oben erwähnten Buches, das in einer Vitrine ausgestellt ist.

Raimondo della Torre e Tasso war übrigens der erste Tote, den ich in realiter sah. Er lag aufgebahrt in jener riesigen Kristallgrotte, in der wir im Beisein der beiden Papageien, von denen der eine ein blaues und der andere ein rotes Federkleid trug (die Farben des Hauses Thurn und Taxis bzw. Torre e Tasso), oftmals gefrühstückt oder zu Abend gegessen hatten. Nun lag er in einem hölzernen Sarg im Gewand eines Malteserritters vor mir, die Hände auf dem Bauch übereinandergelegt, die Gesichtszüge edel wie immer, das weiß-silberne Haar schön gekämmt. Ich legte meine Hand auf die seinen. Und irgendwie kam es mir vor, als spürte ich Wärme aus ihnen aufsteigen. Gleichzeitig musste ich an jenen Tag denken, an dem mir dieser großartige Mensch einst anvertraute, wie einsam er im Grunde genommen war und dass er sich eigentlich nach nichts anderem sehnte, als verstanden und geliebt zu werden.

Geht es uns nicht allen so, wie es *Hermann Hesse* in der letzten Strophe seines Gedichts *Im Nebel* beschrieben hat?

Seltsam, im Nebel zu wandern!
Leben ist Einsamsein.
Kein Mensch kennt den andern.
Jeder ist allein.

Sind wir wirklich allein? Ist das des Menschen Schicksal? Vereint und doch getrennt? Alles umsonst?

Auf dem Grabstein des amerikanischen Verlegers Malcom Forbes steht *While alive he lived*, was wörtlich mit *Während er lebte, lebte er* übersetzt werden kann, aber auch mit *Er verstand es, zu leben*. Ich sah diesen Grabstein auf der Fidschi-Insel Laucala, die der Verleger gekauft hatte, um dort gelegentlich Südseeluft zu schnuppern, aber auch, um eines Tages dort bestattet zu werden. Einige Jahre nach seinem Tod beschloss die Familie, die Insel zu verkaufen. Sie gehört heute dem Red-Bull-Chef Dieter Mateschitz; und Malcom Forbes hat seine zweite letzte Ruhestätte auf seiner Trinchera-Ranch in Colorado gefunden. *Nichts bleibt, wie es ist* – nicht einmal im Tod.

An diesem Ort, am Fuße der Sangre-de-Christo-Berge, erfuhr ich übrigens etwas, das mir, der ich zwar schwärmerisch, aber auch gleichzeitig realistisch veranlagt bin, zu denken gab. Ich nahm mit drei weiteren Personen an einer Rückführung teil, die das englische Medium Isabelle Kingston leitete. Dabei versetzte sie die Anwesenden in eine Art Trance und stellte dann Fragen nach dem, was sich vor dem inneren oder geistigen Auge abspielte. Bei mir geschah Folgendes: Ich sah, wie ich im 17. Jahrhundert als spanischer Soldat mit einer kleinen Armee gegen die *Plains Indians* kämpfte. Dabei wurde ich schwer verwundet von den Kameraden zurückgelassen. Doch die Indianer nahmen sich meiner an und pflegten mich gesund. In meiner Vision sah ich ihre Tipis und ihre Kleidung so deutlich vor mir, als wäre ich im Wachzustand. Als ich wieder gesund war, bot man mir an, zu bleiben. Ich heiratete eine schöne Indianerin mit schwarzem, langem Zopf und verfasste das erste Buch über die Sprache des Stammes. Und dann sah ich mich noch als alten, weishaarigen Mann, der von vielen Enkeln umringt dasaß und heiter gestimmt auf das Kommen des Todes wartete.

Ich erzähle dies, weil mir, als ich aus der Trance zurückgeholt wurde, auffiel, dass mir das Thema Spanien bislang eigentlich eher unangenehm gewesen war. Ich mochte die spanische Sprache nicht, ich lehnte das spanische Essen ab und es zog mich auch nichts in das Land selbst, obwohl ich ja als Vielreisender auf der ganzen Welt gern unterwegs war – nur eben nicht in Spanien. Alles Indianische hingegen zog mich magisch an.

Heute, viele Jahre nach diesem Rückführungserlebnis, muss ich schmunzeln, wenn ich in Spanien bin, da ich natürlich daran denke, was sich einst in Colorado ereignete. Und daran, dass ich nach wie vor ein Faible für schwarzhaarige Frauen habe … Später sagte mir ein anderes Medium, dem ich diese Geschichte erzählte, dass Teile dieses Buches, das ich mit der Hand geschrieben hatte, noch existierten, und meine letzte Freundin mit ihrem langen schwarzen Zopf nur eine Rückerinnerung an jene Indianerin war.

Nun bin ich sowohl gutgläubig, als auch skeptisch. Ich frage mich, ob ich tatsächlich einen Blick in ein vergangenes Leben werfen durfte und ob es sich dabei tatsächlich um mich gehandelt hat. Gleichzeitig erklärt sich mir meine einstige Aversion gegen alles Spanische. Möglicherweise aber zeigt diese Episode (und ich bin ja nicht der Einzige, der solches erlebt hat), dass es nach dem Tod eben doch weitergeht – wo und in welcher Form auch immer; was aber an der Tatsache, dass wir alles irgendwann ein letztes Mal tun, nichts ändert.

Kürzlich habe ich erfahren müssen, dass ein guter Freund, den ich zwar lange nicht gesehen hatte, dem ich aber innerlich sehr verbunden war, beim Tischtennisspielen gestorben war. *Mit 66 Jahren, da fängt das Leben an,* singt Udo Jürgens, das meines Freundes endete mit 66. Oder vielleicht doch nicht? Seine Frau erzählte mir von den Umständen seiner Bestattung, die schon Jahre vorher festgelegt worden waren. Dabei sollte die Urne zum Montblanc gebracht werden, um dort den Inhalt in einen Bach zu leeren, der als Fluss in Ligurien wieder ans Tageslicht tritt. So geschah es auch. Zudem hatten mein Freund und seine Frau Jahre zuvor ein *Codewort* vereinbart, mit dem sie sich beim jeweils anderen melden würden, falls einer von beiden sterben würde. Aus Gründen der Diskretion möchte ich das Wort hier nicht bekannt geben, nennen wir es einfach *Casablanca.* Einige Wochen nach dem Tod des Freundes erschien er einem seiner vier (adoptierten) Kinder nachts im Traum und sprach das *Codewort.* Das Spannende hierbei ist, dass dieses Wort nur zwischen ihm und seiner Frau ausgemacht war, nicht aber mit den Kindern …

ANREGUNG 12

WAS: *Selbst, wenn es ein Weiterleben in anderer Gestalt oder Wiedergeburt gibt: Alles, was wir tun, tun wir irgendwann ein letztes Mal (egal in welchem Leben) – und wir tun es, ohne darum zu wissen. Deshalb wäre es gut, seine Unternehmungen in diesem Sinne auszuführen, denn sie würden dann eine gänzlich andere Qualität erhalten. Wer sein Handeln unter das Motto sub specie aeternitatis (unter den Gesichtspunkt der Ewigkeit) stellt, dessen Tun wird sich anders auswirken als das eines Menschen, dem es um schnellen Profit, um die Augenblicksbefriedigung oder um die Übervorteilung eines anderen geht.*
Wenn wir unser Handeln an dem Maßstab ausrichten, dass wir etwas womöglich ein letztes Mal tun, so zwingen wir uns unbewusst dazu, uns am Guten zu orientieren, das heißt, wir werden so agieren, dass wir möglichst niemandem schaden wollen und unseren Egoismus durch Altruismus ersetzen; des Weiteren werden wir in all unserem Tun dessen Endlichkeit erkennen und gerade deshalb versuchen, es so gut wie möglich zu vollziehen. Unsere Worte und unsere Taten werden dadurch eine völlig andere Qualität erhalten, von der wir selbst überrascht sein werden. Leben im Bewusstsein des jederzeit möglichen Todes heißt auch, Verantwortung so zu übernehmen, dass wir getrost gehen können, wenn die letzte Stunde kommen sollte. Unser Bewusstsein ist dennoch heiter, denn wir haben losgelassen. Wir klammern uns an nichts mehr. Wir sind auf dem Weg in die Freiheit.

Ich bin mir bewusst, dass es für jede Handlung ein erstes und ein letztes Mal gibt.

WIE: *Denken Sie jedes Mal, wenn Sie sich von jemandem verabschieden, dass dies das letzte Mal sein könnte.*
Was fühlen Sie?
Möchten Sie den Augenblick verlängern?
Wollen Sie, dass dieser Tag niemals endet?
Sagen Sie dem Menschen, dem Sie die Hand geben: „Es ist schön, dass es Sie gibt. Ich hoffe, dass dies nicht das letzte Mal ist, dass wir uns begegnen.“

Achten Sie auf die Reaktion Ihres Gegenübers.
Versuchen Sie das ganz bewusst auch einmal, wenn Sie ihn nicht gut genug kennen oder ihn bisher nicht mochten!

Stellen Sie sich einen Tag lang bei jeder Ihrer Handlungen, die Sie ausführen (und seien sie noch so banal) vor, dass dies das letzte Mal wäre.
Was fühlen Sie?
Möchten Sie den Augenblick verlängern?
Wollen Sie, dass dieser Tag niemals endet?
Sagen Sie sich: „Es ist schön, dass ich diese Handlung vollziehen darf. Ich hoffe, dass dies nicht das letzte Mal ist."
Achten Sie auf Ihre Reaktion.

Haben Sie ungelöste Probleme mit Nachbarn, Verwandten, Freunden, Geschäfts- oder Lebenspartnern oder Ihren Kindern, versuchen Sie, diese Probleme aus der Welt zu schaffen. Lassen Sie sich nicht zu viel Zeit damit. Denken Sie daran, dass dies nur gelingen kann, solange beide Parteien existieren.
Was, wenn eine der beiden Seiten nicht mehr lebt? Dann kann das Problem nicht mehr konstruktiv mit dem anderen gelöst werden. Ist es nicht besser, beizeiten auf den anderen zuzugehen und mit ihm über das, was trennt, zu sprechen, um das, was eint, (wieder) zu finden? Natürlich erfordert das eine gewisse Form der Selbstüberwindung, aber kann man dadurch einen Fehler begehen?

XIII

„WENN ICH WÜSSTE …“

Das oben erwähnte Motto *While alive, he lived* hätte auch *While alive, he died* heißen können – und auch dies würde stimmen. Rainer Maria Rilke hat es folgendermaßen ausgedrückt:

Der Tod ist groß.
Wir sind die seinen
lachenden Munds.
Wenn wir uns wirklich im Leben meinen,
wagt er zu weinen
mitten in uns.

Fit for death? Irgendwie schon, möchte man annehmen. Letztlich aber geht es darum, im Bewusstsein des Todes das uns übereignete Dasein zu erfüllen. Und da dies nur gemeinsam mit anderen möglich ist, weil wir alle aufeinander bezogen sind, würde ein derart bewusstes Leben dazu führen, alles, was wir tun, unter einer anderen Perspektive zu betrachten. Wir würden demnach unsere Handlungen dahingehend ausrichten, dass wir stets um deren Begrenztheit und Einmaligkeit wissen.

Vorhin zitierte ich die Schlusszeile aus W. H. Audens Gedicht *Stoppt jede Uhr.* Als ich den englischen Originaltext im Internet suchte, stieß ich auf ein anderes Gedicht, das mich zutiefst bewegte; es drückt exakt das aus, was ich mit meiner Ansicht, dass wir alles irgendwann nicht nur ein erstes, sondern eben auch (leider) ein letztes Mal tun, mitteilen wollte – vielleicht noch eindringlicher. Von wem es stammt, ist offenbar nicht gesichert, denn ich fand es sowohl unter „unbekannter Verfasser" als auch unter George Michael Grossman sowie unter Dr. H. Salomon, der es für die Opfer vom 11. September 2001 geschrieben haben soll. Aber egal von wem es stammt, ich möchte es hier in meiner Übertragung wiedergeben:

WENN ICH WÜSSTE …

Wenn ich wüsste, dass dies das letzte Mal ist,
dass ich Dich einschlafen sehe,
würde ich Dich fester zudecken
und Gott bitten, sich Deiner Seele anzunehmen.

Wenn ich wüsste, dass dies das letzte Mal ist,
dass ich Dich zur Tür hinausgehen sehe,
würde ich Dich in meine Arme nehmen und küssen
und Dich dann zurückzurufen, um dies zu wiederholen.

Wenn ich wüsste, dass dies das letzte Mal ist,
dass ich Deine Stimme sich zum Lobe aufschwingen höre,
ich würde jede Geste und jedes Wort auf Video bannen,
um sie Tag für Tag wiedergeben zu können.

Wenn ich wüsste, dass dies das letzte Mal ist,
würde ich einen Augenblick lang innehalten,
und „Ich liebe Dich“ sagen, anstatt zu vermuten,
dass Du dies ohnehin schon weißt.

Wenn ich wüsste, dass dies das letzte Mal ist,
wäre ich da, um Deinen Tag mit Dir zu teilen,
selbst wenn ich gewiss bin, dass Du noch so viele erleben wirst,
und ich diesen einen verstreichen lassen kann.

Sicher, es gibt stets ein Morgen, um ein Versehen wettzumachen,
und wir erhalten immer eine zweite Chance,
um alles wieder auszugleichen.

Es wird immer einen anderen Tag geben,
um „Ich liebe Dich“ zu sagen,
und gewiss gibt es eine weitere Möglichkeit
zu fragen: „Kann ich etwas für Dich tun?“

Doch nur für den Fall, dass ich mich irren würde
und es nur noch den heutigen Tag gäbe,
möchte ich Dir sagen, wie sehr ich Dich liebe,
und hoffen, dass wir dies nie vergessen.

Ein „Morgen“ ist niemandem versprochen,
weder Jung noch Alt,
und jetzt könnte die letzte Gelegenheit sein,
Deine Liebe festzuhalten.

Also: Wenn Du auf Morgen wartest,
wieso tust Du’s dann nicht schon heute?
Denn wenn das „Morgen“ niemals kommt,
wirst Du es mit Sicherheit bereuen,

dass Du Dir nicht viel mehr Zeit genommen hast,
für ein Lächeln, eine Umarmung oder einen Kuss,
und Du zu beschäftigt warst, jemandem das zuzugestehen,
was sich als sein letzter Wunsch herausstellte.

Halte Deine Lieben deshalb nun ganz fest
und flüstere ihnen ins Ohr,
sag' ihnen, wie sehr Du sie liebst
und dass sie immer bei Dir sind.

Nimm Dir die Zeit, zu sagen: „Es tut mir leid",
„Bitte verzeih mir",
„Danke"
oder „Es ist in Ordnung".

Und wenn das „Morgen" niemals kommt,
musst Du das „Heute" nicht bereuen.

Eine weitere Internetquelle besagt, dass Norma Cornett Marek, die im Jahr 2004 nach langem Kampf gegen den Krebs starb, dieses Gedicht im Jahr 1989 als Erinnerung an ein geliebtes Kind, das sie verloren hatte, schrieb – in der Hoffnung, dass es die Menschen veranlassen würde, niemals nachlässig mit anderen zu sein oder zu sehr beschäftigt, um die, die einem nahestehen, wissen zu lassen, dass man sie liebt.

„Ich habe jetzt keine Zeit!" Wie oft sagen wir diesen Satz, ohne zu wissen, was er für Konsequenzen haben könnte! Und wie oft haben wir wirklich keine Zeit für diejenigen, die uns am nächsten sind, gerade weil wir annehmen, dass ihre Nähe immerwährend ist. Anstatt uns die Zeit für sie zu *nehmen,* vertrösten wir sie auf ein anderes Mal und tun das, was uns im Augenblick wichtiger erscheint. Das, was aber wirklich wichtig ist, erkennen wir oft erst dann, wenn es zu *spät* ist. *Und seit jeher war es so, dass die Liebe ihre eigene Tiefe erst in der Stunde der Trennung erkennt,* heißt es beim libanesischen Dichter Khalil Gibran. Wir „haben" die, die wir lieben, nur ein einziges Mal.

VOM RICHTIGEN ZEITPUNKT

Was bedeutet zu spät? Dass wir den richtigen Zeitpunkt verpasst haben. Wie aber erkennen wir diesen? Indem wir versuchen, uns auf jene Menschen, die uns im Laufe unseres Daseins begegnen, einzulassen. Das gelingt freilich nur, wenn wir unser Ego nach unseren Möglichkeiten zurücknehmen. Natürlich ist es enorm schwer, von seinen Wünschen, seinen Bedürfnissen, seinen Vorstellungen Abstand zu gewinnen, aber der Versuch lohnt sich, wie jeder berichten wird, der dieses Wagnis, über sich selbst hinauszugehen, sich selbst zu vergessen und sein eigenes Wollen hintanzustellen, schon einmal unternommen hat. Der Verzicht nimmt nicht. Der Verzicht gibt. Er gibt die unerschöpfliche Kraft des Einfachen – schreibt der Philosoph Martin Heidegger in seiner kleinen Abhandlung „Der Feldweg“. Und der Schriftsteller Stefan Zweig sagt in seinem Gedicht „Vorgefühl“: „Nie liebt man das Leben teurer/Als im Schatten des Verzichts.“ Freilich handelt es sich hier um zwei verschiedene Arten des Verzichts. Letzterer ist ein schicksalhafter, der Erstgenannte ein freiwilliger – und um diesen geht es hier. Wer auf sein Ich, sein Ego, verzichten kann, wem es gelingt, sich selbst zu überwinden und sich dem/den anderen hinzugeben, der wird dadurch mit Sicherheit nicht unglücklich werden. Es ist eine sonderbare, fast paradoxe Tatsache, dass man durch diese Form der Selbstlosigkeit eine Erfahrung macht, die von manchen als höchst spirituell bezeichnet wird.

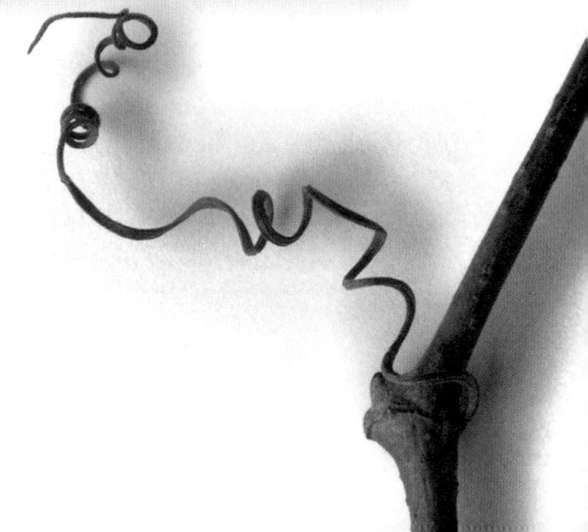

Nun werden Sie vielleicht einwenden, dass ein wie in obigem Gedicht gefordertes Verhalten nur etwas für sehr gläubige Menschen oder für buddhistische Mönche sei oder für Menschen die ein Helfersyndrom aufweisen.
Wer so argumentiert, wird meiner Meinung nach in seinem Leben nie zufrieden sein. Er wird immer nach etwas Neuem streben, und wenn er es erreicht hat, das Gefühl haben, dass es immer noch zu wenig ist. Kurz: Er wird keine letztendliche Erfüllung finden, nur temporäre Befriedigung. Wie ein erfülltes Leben aussieht, werden Sie im nächsten Kapitel erfahren. Für den Augenblick möchte ich festhalten, dass wir erkennen, spüren, erfühlen sollten, was wir tun müssen, um das eventuelle *letzte Mal* auf eine Weise zu gestalten, dass wir ohne Reue darauf zurückblicken können. Wir wissen, wir haben das, was richtig und wichtig war, erfüllt. Nichts bleibt ungetan zurück. Wir werden uns nicht vorwerfen müssen, nicht *Es tut mir leid, Bitte verzeih mir, Danke, Es ist in Ordnung* gesagt zu haben. Mit diesen wenigen Worten schaffen wir jene Menschlichkeit, die wir so oft bei anderen vermissen oder auch bei uns selbst vermissen lassen.

Angesichts der Tatsache, dass wir alles ein letztes Mal tun, sehen, erleben etc., bleibt uns eigentlich nichts anderes, als zu versuchen, uns immer wieder an diesen Umstand zu erinnern. Es ist mir klar, dass man das während des Alltags nicht permanent durchführen kann, aber es wäre z. B. sinnvoll, jeden Abend, wenn wir nach Hause kommen, kurz über das, was wir im Laufe des Tages erlebt haben, zu reflektieren – über das Positive wie über das Negative. Denn: Wir werden es in dieser Form gewiss nicht mehr erleben. Im Hinblick auf das Negative sind wir sicher froh darüber, doch wenn wir an das Positive denken, empfinden wir meist Bedauern, dass es vorbei ist, und werden nachdenklich – doch gerade darin zeigt sich der Wert des Zeitlichen: Das Vergangene kehrt nicht wieder und doch können wir es in der Erinnerung festhalten. Das aber wiederum bedeutet, dass die Materie keine Macht über uns hat und dass eben letztlich doch alles Geist ist.

ANREGUNG 13

WAS: *Ich versuche mein Handeln dahingehend auszurichten, dass ich im Umgang mit mir selbst und anderen immer daran denke, dass dies das letzte Mal sein könnte, falls es kein Morgen geben wird. Deshalb wird mir jeder Mensch wertvoll sein, so wertvoll, dass ich bei Kleinigkeiten nicht auf meinem Recht bestehe, sondern Fehler verzeihe – falls es wirklich welche zu verzeihen gibt. Dasselbe achtsame Wohlwollen wird hoffentlich auch mir zuteil. Auf diese Weise sind wir als Menschen noch enger miteinander verbunden und können Streit und Hass und– als deren Folge – den Krieg endlich abschaffen.*

Ich will mein Dasein so gestalten, dass ich stets daran denke, wie wertvoll mir ein jeder Mensch ist.

WIE: *Nehmen Sie sich die Zeit zu sagen:*

Es tut mir leid.
Bitte verzeih mir.
Danke.
Es ist in Ordnung.

Wiederholen Sie diese vier Zeilen, so oft Sie können. Verinnerlichen Sie die Worte. Wenden Sie sie, so oft es Ihnen möglich ist, an. Achten Sie auf die Reaktionen Menschen, zu denen Sie in dieser Weise sprechen.

XIV

WORUM ES IM LEBEN GEHT (TEIL 1)

Neulich kam ich von der standesamtlichen Trauung des eingangs erwähnten Freundes, der noch im hohen Alter Vater geworden ist – leider nicht an Goethes Geburtstag, wie erhofft, sondern zehn Tage zuvor. Die Mutter ist fast 30 Jahre jünger als er. Wer jetzt meint, sie hätte ihn, der noch dazu an Parkinson leidet, „wegen des Geldes“ geheiratet, irrt, denn sie hat selbst genügend davon. Es war ergreifend zu sehen, wie sich die beiden an den Händen hielten, während die Standesbeamtin sie zu ihrem Ja-Wort aufforderte. Natürlich gab es den Hochzeitsmarsch aus *Lohengrin* und auch den üblichen Brautstrauß sowie Reis, der in die Menge vor dem Standesamt geworfen wurde. Als alle Anwesenden dem Brautpaar gratuliert hatten, sah ich, dass der Bräutigam, der sonst stets so nüchterne Wissenschaftler, weinte. War es aus Rührung oder weil er wusste, dass seine Krankheit nur mit großer Mühe aufzuhalten war und er seine Tochter vielleicht nicht lange würde aufwachsen sehen? Hatte er angesichts dieses Umstandes gemerkt, welche Werte im Leben für ihn – und vielleicht für uns alle – wirklich wichtig sind? Vielleicht war es auch das unbewusste Erkennen der unauflöslichen Verbindung von Eros und Thanatos, von Liebe und Tod, das ihm die Tränen in die Augen getrieben hatte.

Ich habe zu Beginn dieses Buches geschrieben, dass die Frage nach dem Sinn des Lebens nicht generell, sondern nur individuell zu beantworten sei. Jetzt wage ich zu behaupten, dass diese Antworten aber eine objektive Auskunft auf die Frage geben, worum es im Leben überhaupt geht. Das Schicksal meines Freundes ließ mich dies erkennen. ***Es geht darum,***

1) nicht alleine zu sein.
2) sich fortzupflanzen, also weiterzuleben.
3) den Kindern das Bestmögliche auf ihrem Weg durch das Leben mitzugeben, damit auch sie dies eines Tages weitergeben können.
4) anderen Menschen einen Lebenssinn zu vermitteln, wenn sie eines solchen bedürfen.
5) Böses zu meiden und Gutes zu tun.
6) seine Handlungen der unvermeidlichen Tatsache der Vergänglichkeit wegen zu überdenken.
7) in diesem Bewusstsein alles zu tun, was anderen ein besseres Leben verschafft.
8) zu verstehen, dass alles – außer dem Geist – begrenzt ist.
9) den Tod zu akzeptieren und dennoch auf ein Leben nach dem Leben, in welcher Form auch immer, zu hoffen.
10) ein guter Mensch zu sein.

Was ist ein guter Mensch?
Einer, der nicht seinen Vorteil sucht, sondern anderen Vorteile gewährt? Einer, der an Gott glaubt und ein gottgefälliges Leben führt? Einer, der sich für eine höhere Aufgabe opfert und dabei mit

seinem Leben *bezahlt*, wenn er beispielsweise Leben rettet? Einer, der selbstlos ist? Einer, der altruistisch handelt? Einer, der die Welt erlöst? Niemand würde auf die Idee kommen, einen solchen Menschen nicht als *guten* Menschen zu bezeichnen. Aber reicht das als Definition aus, trifft es das wirklich? Ist ein guter Mensch das Gegenteil eines bösen Menschen?

Wenn ein *böser* Mensch so ist, wie er ist, weil man ihn konditioniert hat (was heißt, dass das ihm innewohnende Böse nur eine Reaktion auf böse Aktionen ist, etwa Misshandlungen und Vernachlässigungen in der Kindheit und Jugend), gilt dies dann auch für einen guten Menschen? Ist auch er konditioniert? Nelson Mandela, Mahatma Gandhi, Albert Schweitzer, Karlheinz Böhm und viele mehr waren und sind gewiss Helfer der Menschheit. Vielleicht wurden sie durch Handlungen anderer zu diesen Vorbildern, und ganz gewiss würde jeder unterschreiben, dass sie gut sind.
Leider hat die Frage nach dem *guten* Menschen aber auch eine negative Seite, da sie je nach Auffassung anders beantwortet werden kann. Im Dritten Reich etwa hielten sich Menschen für gut, die wir heute mit Abscheu betrachten. Die Frage nach der Ethik ist also auch stets eng mit den Zeitläufen und der gerade herrschenden Moral verbunden. Dennoch muss es etwas geben, das über alle Zeiten und Völker hinweg als gut einzuschätzen ist. Ich habe lange darüber nachgedacht, was dies sein könne, und bin zu dem Schluss gekommen, dass es die *Hilfestellung* ist, die mit *Mitgefühl und Güte einhergeht.*

Worum geht es im Leben? Offenbar nicht darum, möglichst viel Macht und Geld anzuhäufen und Einfluss auszuüben, sondern darum, den Wunsch des Lebens nach sich selbst zu erfüllen. Und dies geschieht besonders deutlich in den Kindern. Es war wiederum Khalil Gibran, der hierfür die unsterblichen Worte gefunden hat: *Eure Kinder sind nicht eure Kinder. Sie sind der Ausdruck der Sehnsucht des Lebens nach sich selbst.*

Im Lichte dieser Erkenntnis verliert auch die Vergänglichkeit ihren Schrecken und breitet ihren Zauber aus. Denn wir müssen nicht gehen, wir dürfen; wir müssen nicht bleiben, wir dürfen gehen. Wir

können unser Dasein erfüllen, indem wir uns als mitfühlende Wesen zeigen und anderen helfen, ihren Lebensweg zu gestalten. Der Friedensnobelpreisträger Albert Schweitzer sagt: *Gut ist: Leben erhalten, Leben fördern; böse ist: Leben schädigen, entwickeltes Leben niederhalten.*
Die Vergänglichkeit zeigt uns dabei zwar unsere Grenzen, aber sie fordert uns gleichzeitig auf, sie zu überwinden. Ohne Vergänglichkeit gibt es keine Weiterentwicklung. Sie zwingt uns dazu, uns selbst zu übersteigen, mehr zu werden, als wir sind. Auch darum geht es im Leben. Deshalb ist Stillstand für alle tödlich. Und um nicht in diese Todesfalle zu geraten, entwickelt sich das Leben immer weiter fort. Es muss sozusagen sich selbst immer weiter voranbringen, sonst würde es erlöschen. In der Liebe verhält es sich übrigens keineswegs anders …

Nebenbemerkung: Ich habe im Laufe der Zeit tatsächlich ein Mitgefühl für *jede* Kreatur entwickelt, auch für Insekten. Kommen diese in meine Wohnung und finden nicht mehr hinaus, helfe ich ihnen, anstatt sie wie früher gedankenlos zu erschlagen. Da sie sich meist zum Licht hin orientieren, finden sie sich oft an den Fensterscheiben wieder. Ich nehme dann die Hülle einer Musikkassette, öffne diese und stülpe sie über das Insekt, das in die Freiheit will. Dann schließe ich die Kassette, bringe sie zum Balkon und entlasse das Tier dorthin, wo es hingehört – in den natürlichen Kreislauf alles Seienden, den wir so gern vergessen. Nach einer solchen Handlung tritt bei mir stets eine gewisse Befriedigung ein, nicht, weil ich mein bürgerliches Gewissen beruhigt hätte, sondern weil ich der Ansicht bin, den großen Kreislauf, der unterbrochen war, wiederhergestellt zu haben.

Auch darum geht es im Leben: Zu erkennen bzw. zu erspüren, wie die natürliche Abfolge der Ereignisse ist, und sie nicht zu blockieren, sondern sie im Gegenteil eher noch zu fördern. Sich ihr nicht entgegenzustellen, sondern auf sie einzugehen und zu sagen: *Es ist gut, so, wie es ist.*

ANREGUNG 14

WAS: *Das Wissen um die Vergänglichkeit, um unser Ende, führt zu einer evolutiven Weiterentwicklung. Wir erkennen, dass alles enden muss, damit es Neuem Platz machen kann. Wir sehen, dass wir eine Aufgabe haben. Und wir erkennen, dass wir diese erfüllen müssen, ob wir wollen oder nicht. Wir verstehen, dass es im Leben darum geht, das weibliche Prinzip mit dem männlichen zu vereinen. Nur so entsteht Neues. Wir sind dem Gesetz der Polarität (Tag – Nacht, warm – kalt etc.) im positiven Sinne unterworfen. Wir müssen nur erkennen, dass dessen höchste Ausformung im Polaritätspaar Leben – Tod liegt. Beide sind nicht nur aufeinander bezogen, sondern bedingen sich auch gegenseitig. Das gilt für den Menschen an sich, aber auch für das gesamte Universum. Denn was immer es hier gibt – es wird vergehen und neu geboren werden. Wir selbst aber sind so eigenartig entwickelt, dass wir lieber nach neuen, extraterrestrischen Zielen Ausschau halten, anstatt mit den Ressourcen, die uns zur Verfügung stehen, vernünftig umzugehen. Es scheint dies offenbar zum Wesen des Menschen zu gehören: Das, was seine Grundlage ist, muss er zerstören, damit er gleichzeitig eine neue schaffen kann.*

Ich ahne, worum es im Leben geht, und werde mein Handeln danach ausrichten.

WIE: *Stellen Sie sich vor, Sie lägen auf dem Sterbebett. Was fühlen Sie? Hängen Sie am Leben? Wollen Sie, dass es weitergeht? Sind Sie zufrieden mit dem, was Sie erreicht haben? Was hätten Sie anders gemacht, was nicht? Sind Sie mit sich im Reinen? Vermissen Sie etwas? Sind Sie betrübt, dass sich Ihr Dasein so und nicht anders vollzogen hat?*

Schreiben Sie auf ein Blatt Papier die Namen der Menschen, die Ihnen in Ihrem bisherigen Leben besonders wichtig waren. Fügen Sie stets noch kurz hinzu, warum sie Ihnen so viel bedeuten.

Schicken Sie allen Menschen auf Ihrer Liste einen Brief (keine E-Mail!). Schreiben Sie ihnen, warum sie Ihnen wichtig sind, und dass Sie ihnen für all das, was sie für Sie getan haben, danken möchten. Fragen Sie, was Sie nun für sie tun können.

Der Sinn dieser Übung liegt darin, die Beziehungen zu denen, die das eigene Leben begleiten, zu intensivieren – und gleichzeitig darum zu wissen, dass jede Beziehung irgendwann endet. Gerade deshalb aber ist es nötig, zu erkennen, dass wir
a) alle diesem Gesetz unterliegen und dass wir
b) somit alle Menschen, die in unser Leben treten, in diesem Bewusstsein erfassen können – woraus im besten Fall Liebe, Anerkennung sowie eine tiefere Dimension des gegenseitigen Verständnisses entstehen können.

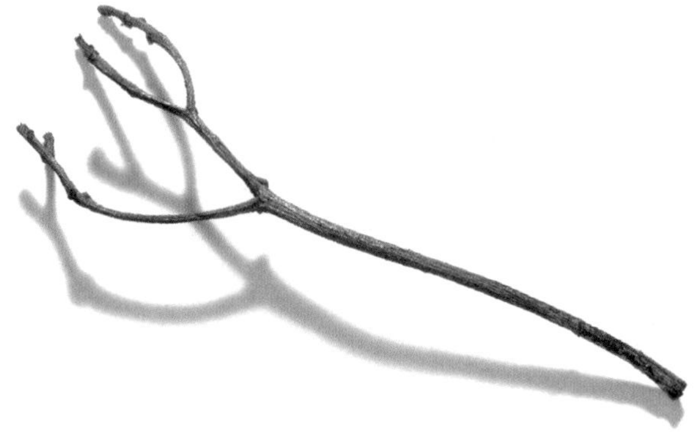

XV

WAS VON UNS BLEIBT

Wenn ich darüber nachdenke, was von uns bleibt, dann muss ich immer wieder an die Begegnung mit einer Harfenistin (leider entsinne ich mich nicht mehr ihres Namens) denken, die mir, als ich etwa 20 Jahre alt war, folgende Geschichte erzählte: Nachdem die Amerikaner am 30. April 1945 in München angekommen waren und die Häuser nach möglichen Widerständlern durchkämmt hatten, stießen die Soldaten auch auf die Wohnung, in der sie lebte. Dort sahen sie die aufgestellte Harfe und baten die Besitzerin, für sie zu spielen. Einer der Soldaten äußerte bald den Wunsch, sie möge doch *Silent night* anstimmen, was sie auch tat. Da die Wohnungstür offen stand, hörten auch die Mitbewohner im Haus das Lied und kamen, neugierig geworden, dorthin, woher die Klänge drangen. Da die kleine Wohnung aber zu voll wurde, brachte man die Harfe ins Treppenhaus. Dort wurde erneut mit dem Weihnachtslied begonnen, und amerikanische Soldaten und deutsche „Feinde“ sangen gemeinsam im Frühling dieses so bedeutenden Jahres in zwei Sprachen jenes Lied, dessen Text und Melodie unsterblich sind. Die Soldaten der US-Armee waren von diesem Ereignis so angetan, dass sie einige Tage später die Harfenistin baten, das Lied auch im Rundfunk zu spielen. Da das Instrument aber schwer zu transportieren war, wurde ein offener Jeep organisiert. Die Harfe samt ihrer Spielerin wurden auf die Ladefläche gepackt – und so fuhr man zum Rundfunkgebäude. Und von dort ertönte alsbald am Nachmittag *Stille Nacht, heilige Nacht* – und das nicht nur einmal. Man schrieb den 8. Mai 1945, das offizielle Ende des Zweiten Weltkriegs, den Tag der Befreiung vom Faschismus.

127 Jahre zuvor, am Weihnachtstag des Jahres 1818, wurde dieses Lied in der St.-Nikola-Kirche in Oberndorf bei Salzburg, also nicht sehr weit von München entfernt, zum allerersten Mal aufgeführt. Die Melodie stammt von dem Dorfschullehrer und Organisten Franz Xaver Gruber, der Text von Joseph Mohr, der dort Hilfspfarrer war. Mittlerweile sind seine Worte in über 100 Sprachen übersetzt, und das Lied zu Jesu Geburt wurde zum berühmtesten Lied der Welt, was sich die Urheber, als ihre Schöpfung zum ersten Mal vor den Besuchern der Christmette ertönte, sicher nicht hätten vorstellen können – genauso wenig wie das oben geschilderte Ereignis vom 8. Mai 1845, das aus ehemaligen Feinden Freunde machte.

Wenn man sich fragt, was eigentlich von uns bleibt, was die Zeiten überdauert, dann kann die Antwort nur lauten: Es bleibt das, was wir aus uns selbst heraus schaffen – aber nicht für uns, sondern für andere. Die Nachkommen bleiben natürlich auch, aber dies meine ich hier nicht. Ich denke eher an ein Lied, ein Gedicht, ein Gemälde, ein Bauwerk, eine Erfindung, eine Entdeckung, eine Tat. Letztere muss nicht immer eine gute sein, denn auch die negativen Taten überdauern; allerdings so, dass sie als solche von der Mehrheit nur deshalb memoriert werden, damit sie nie wieder geschehen.

ÜBERLEBEN UND ÜBER-LEBEN

Sollen wir nur dafür leben, dass die Erinnerung an uns die Zeiten überdauert? Manche Künstler tun dies sicherlich gern, anderen hingegen kommen solche Gedanken vielleicht eher selten, da sie vor allem damit beschäftigt sind, ihr konkretes Überleben zu sichern. Aber was hindert uns eigentlich daran, zu versuchen, aus unserem Dasein etwas die Zeiten Überdauerndes zu machen? Das mangelnde Talent, wird mancher Leser nun denken. Ich hingegen behaupte, dass ein jeder zu solchem in der Lage ist, siehe Gruber/Mohr. Ich gehe sogar so weit zu sagen, dass wir alle letztlich daran wirken, ohne es freilich zu wissen. Denn ein jeder hat eine Fähigkeit, die andere mit Sicherheit nicht haben. Wenn er sie einsetzt, entsteht etwas Neues. Tut er es nicht, bleibt auch nichts, was bemerkenswert wäre. Was immer wir tun, es trägt die Möglichkeit des Ewigen in sich – wir müssen nur darauf achten, dass es die Herzen der Menschen berührt und ihnen einen neuen, anderen, besseren Blickwinkel aufzeigt, mit dem sie ihr Leben betrachten können.

Weshalb sind TV-Castingshows beim Publikum so beliebt, auch wenn die sogenannte Intelligenz davor zurückschreckt? Und was entsteht dabei? Ein einziges Beispiel möge genügen: Paul Potts, der einst ein Handyverkäufer war, wurde auf einen Schlag durch eine musikalische Castingshow weltberühmt und hat Millionen von Menschen etwas gegeben. Wieso also nicht die eigenen künstlerischen Talente aufspüren? Nicht gerade selten wollen Elternhaus, Schule und Umwelt gerade das, was einen Menschen zu einem besonderen Exemplar dieser Gattung machen könnte, verhindern – weil das *brotlose Kunst* sei oder weil man sonst *vor die Hunde gehen würde*, weshalb man lieber *etwas Gescheites* lernen sollte (Bankangestellter galt z. B. vor der weltweiten Finanzkrise als höchst angesehen und attraktiv). Deshalb ist ein Aufbegehren gegen eine solche sicherlich gut gemeinte Sicherheitshaltung gewiss nicht falsch. Und wenn es danebenginge, was wäre dann schon verloren? Man wird etwas anderes finden, das einen erfüllt.

Womit wir bei einer entscheidenden Frage angelangt wären:
Was will der Mensch?
Um hier eine befriedigende Antwort zu geben, muss man vermutlich zwischen den Geschlechtern unterscheiden. *Was wollen Männer? Was wollen Frauen?*
Fangen wir mit den Herren der Schöpfung an. Stimmt es, dass sie immer nur das Eine im Sinn haben? Vermutlich. Aber wenn es so wäre, was ist denn daran falsch? Sagt nicht schon das göttliche Wort *Seid fruchtbar und mehret euch*? Und das geht eben nur, wenn man das Eine tut. Die biologistische Deutung des Menschen meint ja bekanntlich, dass Männer gewissermaßen, um ihr Erbgut zu verbreiten, gezwungen sind, das Eine mit möglichst vielen Frauen zu tun. Wenn dem so sein sollte, was wollen dann Frauen? Diese Frage stellte sich auch Sigmund Freud, der Vater der Psychoanalyse. So schrieb er an Marie Bonaparte, die französische Psychoanalytikerin

und Übersetzerin Freuds: *Die große Frage, die nie beantwortet ist und die ich trotz dreißig Jahre langem Forschen in der weiblichen Seele nie habe beantworten können: Was will das Weib?*
Es gab und gibt auf diese Frage die unterschiedlichsten Antworten, die immer auch von den jeweiligen soziokulturellen Bedingungen abhängig sind; leider komme auch ich nicht umhin, diesen Antworten die meine hinzuzufügen: *Souveränität,* die die Frau durch die Fähigkeit des Gebärens, also durch die Gabe, *Leben zu schenken,* ohnedies schon hat, worauf der Mann mit *Gebärneid* reagiert.

Es ist hier gewiss nicht die Stelle, dies zu vertiefen, zu verwerfen oder zu diskutieren, denn es geht mir ja um gänzlich anderes, das aber in seinem Tiefengrund damit zusammenhängt. Es geht mir um die schon gestellte Frage, was von uns, wenn wir selbst nicht über-leben, über-lebt?
Nachdem wir schon festgestellt haben, dass es (auch) unsere Schöpfungen und Taten sind, denen dies gelingen mag, bleibt noch die Frage nach dem *wie lange.*

Neuerdings hat sich etwas breitgemacht, das sich *Erinnerungskultur* nennt. Sie bestimmt, wie lange die Erinnerung an einen Menschen oder an sein Handeln dauert. Diese aber ist wiederum von den politischen Verhältnissen abhängig, also vom *Willen der Regierenden* und den Zielen, die von ihnen vorgegeben werden. Dadurch wird z. B. plötzlich jemand verdammt, den die Generation zuvor noch glühend verehrt hat; ein anderer, der längst vergessen schien, erlebt mit einem Mal eine Renaissance, ein Dritter wird geehrt, weil es in das Machtverständnis der Herrschenden passt, ein Vierter wird totgeschwiegen, weil er sich eben nicht in dieses Machtverständnis einfügt und die Herrschenden um ihre Macht fürchten.

Es gibt also keine letztendliche Antwort auf die Frage, was von uns bleibt, außer den Knochen, den Zähnen oder der Asche. Nicht einmal bei der Erinnerung können wir uns sicher sein. Umso nötiger ist es, schon zu Lebzeiten dafür zu sorgen, mit dem Thema *Vergänglichkeit* so umzugehen, dass es nicht schmerzt. Darüber mehr im nächsten Kapitel.

ANREGUNG 15

WAS: *Es gibt keinen Grund, unsere Fähigkeiten nicht hervortreten zu lassen, solange wir anderen oder der Welt damit etwas Positives geben. Wir müssen daher versuchen, das, was wirklich in uns schlummert, erst zu entdecken, dann hervorzuholen und schließlich anderen zugänglich zu machen, damit daraus etwas entstehen kann, an dem wieder andere weiterbauen. So wird unsere Gabe zur Erfüllung für andere, was wiederum uns zu erfüllen vermag.*

Ich entdecke meine Fähigkeiten und versuche durch sie mein Umfeld zu verbessern.

WIE: *Versuchen Sie einen Tag lang das Gegenteil von dem zu tun, was Sie eigentlich möchten oder vorhaben. Sie werden feststellen, wie schwer es beispielsweise ist, jemanden nicht anzurufen, obwohl man es vorhatte, oder in die Sauna statt zum Einkaufen zu gehen. Sie können auch fasten, anstatt das gewohnte Abendessen einzunehmen etc. Wichtig ist vor allem, dass Sie das, was Sie ohne nachzudenken standardisiert tun, heute nicht machen, sondern das genaue Gegenteil davon.*

Es geht bei dieser Übung um das Aufbrechen von Gewohnheiten, von denen wir meinen, sie seien überlebensnotwendig.
Wir werden erkennen, dass die Veränderung der Prämisse genügt, uns eine gänzlich andere Dimension des Daseins zu eröffnen. Wir können nun das, was „Leben“ genannt wird, besser verstehen.

XVI

NIE MEHR UND NIE WIEDER

Unabhängig davon, was ich eingangs über meine *Zeit* bei den Plains-Indianern schrieb, möchte ich die Frage stellen, ob es tatsächlich nach dem Leben (andere würden „nach dem Tod" sagen) eine Wiederkehr gibt. Oder soll man *Wiedergeburt* sagen? Wenn ja, in welcher Form würde sie geschehen, mit welchem Bewusstsein? Auch wenn es reizvoll ist, hierüber zu spekulieren, wir sollten dieses Thema noch ein bisschen hinauszögern und zunächst darüber nachsinnen, wie man überhaupt mit der Vorstellung, dass mit dem Tod alles zu Ende ist, leben kann. Wird damit nicht all unser Tun und Handeln vollkommen sinnlos, wenn wir annehmen, dass wir nie mehr auf dieser Erde sind und alles, was wir bisher taten, nie wieder tun werden?

Einen kleinen Vorgeschmack darauf kann man während einer Krankheit erfahren. Vieles, was man *schon immer* tat, ist plötzlich nicht mehr möglich. Man tröstet sich mit dem Gedanken, dass die

Krankheit vorübergeht und man all das Versäumte, sobald man wieder gesundet sei, nachholen könne. Aber es gibt eben auch Krankheiten oder Unfälle, die genau dies unmöglich machen. Manches geht dann tatsächlich *nicht mehr und nie mehr.* Man hat aber immerhin noch sein Leben, mag man denken, denn der *Über-Lebenstrieb* ist so stark, dass wir nicht umhin können, selbst in diesem eingeschränkten Zustand das Dasein entweder als schön zu empfinden oder zumindest als lebenswert. Hätten wir diese innere Haltung nicht, würden alle dauerhaft Kranken, die klaren Bewusstseins sind, freiwillig aus dem Leben scheiden. Es scheint also so zu sein, dass *unser Leben* wesentlich mehr ist als das, was wir uns darunter vorstellen. Und es ist offensichtlich auch so, dass das Leben an sich stärker ist, als wir es sind – es bahnt sich seinen Weg, auch wenn wir meinen, dass wir es wären, die darüber bestimmen.

Ist der Tod, dieser Meister des *Nie-mehr-und-nie-Wieder,* der Gegenspieler des Lebens? Oder muss er sein, damit etwas Neues entstehen kann? Ist er also der Verwirklicher des Daseins, ohne den wir nicht existieren könnten? Für mich ist es nach wie vor sonderbar, solche Gedanken zu hegen, da ich mir meiner Sterblichkeit bewusst bin und gleichzeitig hoffe, dass es *danach* irgendwie weitergeht. Wenn ja, wie denn?

Penny McLean, früher eine sehr bekannte Sängerin und heute Autorin spiritueller Bücher, hat einmal eine schöne Antwort auf diese Frage gegeben. Sie sprach von der *kosmischen Badewanne.* Die Idee dazu kam ihr während eines Vortrags in Hanau, weshalb sie das Gesagte später auch als *Hanauer Modell* bezeichnete. Es beinhaltet kurz gefasst Folgendes: Nach dem Tod gelangen wir alle in eine Art kosmische Badewanne, worin sich unsere Wesensanteile tummeln. Wird nun ein neuer Mensch geboren, kommt die *Schöpfkelle Gottes* und holt aus dieser Wanne eine neue Entität hervor. Diese hat dann z. B. zufällig einige Anteile von Rilke, weshalb sie vielleicht später einmal schöne Gedichte schreiben wird; oder sie bekommt Anteile eines Schwerverbrechers mit und wird möglicherweise irgendwann einen Mord begehen oder zumindest kein guter Mensch sein. In den meisten Fällen wird der neue Mensch natürlich völlig normal werden. Interessant ist dieser Gedanke, weil er Antwort auf zwei Fragen gibt:

1) was es mit dem *Déjà-vu-Erlebnis* auf sich hat, bei dem wir meinen, die Situation, in der wir uns befinden, schon einmal erlebt zu haben. Nach der Badewannen-Theorie sind dann eben nicht wir es, die diese Erfahrung machen, sondern ein gewisser Anteil in uns.
2) wie es sein kann, dass wir manchmal Menschen gegenüberstehen, die wir ganz sicher von irgendwo her zu kennen meinen, obwohl das völlig ausgeschlossen ist. Oder dass wir überzeugt davon sind, an Orten, an denen wir mit Gewissheit noch nie waren, schon einmal gewesen zu sein.
Nach dem Hanauer Modell waren wir es tatsächlich nicht, doch jene Anteile in uns, die nunmehr auch zu dem gehören, was uns ausmacht. Ein schöner Gedanke, wenngleich er auch manchem sehr esoterisch anmuten mag. Aber wissen wir denn, dass es sich nicht so verhält?

Egal, wie es sein mag, egal, ob es Auferstehung, Wiedergeburt, Badewannen-Prinzip oder überhaupt nichts nach dem Tod geben wird – es geht primär darum, mit dem Diesseits klarzukommen. Die Jenseitsvorstellungen, ganz gleich, ob sie aus dem *Ägyptischen Totenbuch,* dem *Tibetischen Buch vom Leben und vom Sterben* oder aus der *Bibel* stammen, wollen uns im Grunde nur helfen, das hiesige Leben zu ertragen und zu erfüllen. Stellt man sich die Umstände vor, unter denen diese Werke entstanden sind, so ist ihre lautere Absicht auch klar zu erkennen. In Zeiten, in denen das menschliche Dasein nicht länger als ca. 40 Jahre andauerte und bei den meisten von Armut und Krankheit geprägt war, war die Verheißung auf ein besseres Leben nach dem jetzigen not-wendig, da die Vorstellung eines Paradieses etc. die gegenwärtige Existenz erträglicher machte.

Der ehemalige deutsche Bundeskanzler Helmut Schmidt rühmte sich nach seinem 92. Geburtstag damit, dass er und seine Frau Loki älter geworden seien als der erste Bundeskanzler Deutschlands, Konrad Adenauer, der mit 91 Jahren starb. Warum machte er das? Weil er, der sonst so nüchterne Hanseat, unbewusst überzeugt war, dass es dem *Nie-mehr-und-nie-Wieder* ein Schnippchen zu schlagen gilt? Der Stolz, der aus seinen Worten sprach, war der, den wir aus dem 1. Brief des Apostel Paulus in seinem Brief an die Korinther (15, 55) kennen: *Tod, wo ist Dein Stachel, Hölle, wo ist Dein*

Sieg? Der Lebenswille des Helmut Schmidt, dem selbst durch dessen Freude am Kettenrauchen kein Abbruch geschieht, ist so groß, dass er fast wie die Gestalt des Jedermann mit dem Tod um jedes Stündchen Leben feilschen möchte. Und das sicherlich nicht zu Unrecht. Denn wer sich vorstellt, wie das *Nie-mehr-und-nie-Wieder* aussehen wird – nämlich wie das blanke Nichts – der wird wohl schnell dorthin gehen, wo es etwas gibt.

DIE ZEIT LÄUFT

In seinem Werk „Die unendliche Geschichte" schildert der Schriftsteller Michael Ende, was geschieht, wenn sich das Nichts im Lande Phantasien ausbreitet und alles, was ist, verschlingt. Und in seinem nicht minder symbolischen Roman „Momo" zeigt er auf, wie die Grauen Herren die Menschen dazu überreden, Zeit für später zu sparen, worüber diese vergessen, im Hier und Jetzt zu leben. Und je mehr sie sparen, desto mehr verkürzt sich ihre Lebenszeit. Wie kann man dann dem Nie-mehr-und-nie-Wieder begegnen? Was kann man ihm entgegensetzen, wo wir doch derart determiniert zu sein scheinen, dass dagegen kein Kraut gewachsen ist?
Die moderne Version von Momo findet sich in dem Film „In Time – Deine Zeit läuft ab" mit Amanda Seyfried und Justin Timberlake in den Hauptrollen. Nicht Geld ist hier die Weltwirtschaftswährung, sondern Lebenszeit; diese kann verdient und ausgegeben, aber auch verschenkt und gestohlen werden. Ein Schlüsselsatz in diesem hochinteressanten Film, der vielleicht bald Realität wird, lautet: Für die Unsterblichkeit einiger müssen viele sterben. Dieses Prinzip haben sich nicht nur ägyptische Pharaonen zu eigen gemacht, sondern auch Despoten, Diktatoren und Tyrannen bis in unsere Tage hinein. Ihren Wunsch, so lange wie möglich zu leben, verstehe ich, aber ihrem Drang, dies durch Unterdrückung, Folter, Mord etc. geschehen zu lassen, muss ich eine gewisse Einfältigkeit aussprechen. Niemand wird in den Herzen der Menschen unsterblich, wenn er sie ausrottet.

Die antiken Griechen hatten für das menschliche Drama des *Nie-mehr-und-nie-Wieder* eine Lösung gefunden. Sie nannten sie *Sophrosyne*, die heitere Gelassenheit der Seele. Für Sokrates war diese sogar identisch mit der Selbsterkenntnis. Für unser Thema bedeutet dies: Wer das Leben mit Besonnenheit betrachtet, dessen Seele wird alles mit heiterer Gelassenheit annehmen, da sie erkannt hat, dass das, was ist, ohnedies nur eine Form von unendlich vielen ist. Alles, was wir unternehmen, unterliegt einer gewissen Flüchtigkeit, weil es irgendwann nicht mehr sein wird – wie ein Film, der uns fesselt, aber spätestens zwei Stunden nach Verlassen des Kinos allmählich aus dem Gedächtnis und dem Gefühl entschwindet, auch wenn einzelne Szenen oder sogar die Botschaft an sich noch lange in unserem Unterbewusstsein bleiben.

In manchen Ausprägungen asiatischer Religionen wird gelehrt, dass alles, was ist, ohnedies nur Schein ist, das Bewusstsein durch Meditation aber zur Kenntnis des *wahren Seins* gelangen könne. Im Christentum wird dies zwar nicht direkt gesagt, aber durch die Verlagerung der Erkenntnis der Herrlichkeit Gottes im Jenseits impliziert. Es stellt sich nunmehr die Frage, wie wir mit solchen Vorstellungen *leben* können. Denn entweder ist alles nur Schein – dann sind wir Opfer einer fragwürdigen Gestalt, die keine makellose Welt erschaffen hat, oder unserer Einbildung; oder es verlangt uns danach, das, was *wirklich* ist, also das, was hinter den Erscheinungen verborgen ist, zu erkennen – dann haben wir es im konkreten Leben schwer.

Die Lösung aus diesem Dilemma findet sich in der eben erwähnten Sophrosyne. Denn mit ihr kann ich das Treiben der Welt betrachten, ohne von ihm getrennt zu sein; ich kann an ihm teilhaben und es sogar mitbestimmen; aber ich muss mich über nichts ärgern oder mir gar aus Verzweiflung das Leben nehmen, denn ich weiß ja, dass ich alles mit meiner heiteren Gelassenheit erleben und erfahren kann. Es ist sogar völlig egal, ob ich ein Trugbild erlebe oder das, was *die Wahrheit* genannt wird, denn es hat auf mein Dasein keinen Einfluss. Ich kann mich, wo auch immer ich möchte, engagieren, aber ich bin mir im selben Augenblick bewusst, dass das, wofür ich mich engagiere, das, was ich erlebe oder erfahre, zeitlich bedingt ist, dass es also irgendwann endet. Papst Johannes Paul II. schrieb, kurz bevor er starb, auf einen Zettel folgende Worte, die den aus der ganzen Welt herbeigereisten Jugendlichen, die ihn im Sterben begleiten wollten, gleich nach seinem Tod mitgeteilt wurden: *Ich bin froh, seid ihr es auch.*

ANREGUNG 16

WAS: *Wenn ich möchte, dass mein Leben einen tieferen Sinn empfängt und ich mich nicht im Äußeren ergehe, dann hilft mir die heitere Gelassenheit der Seele, mit der ich alles erfahren und ertragen kann, weil ich weiß, dass letztlich alles vorübergeht. Das betrifft auch mich selbst.*
Wenn ich mich für andere einsetze, mich engagiere, dann hilft mir dabei mein Mitgefühl, mit dem ich verstehe, was andere bewegt. Ich helfe ihnen, ihr Problem zu lösen, damit auch sie verstehen lernen, dass nichts ist, wie es scheint, und nichts bleibt, wie es ist. Auch das Nie-mehr-und-nie-Wieder unterliegt seinem eigenen Anspruch und hebt sich somit auf. Alles kehrt zurück, allerdings in verwandelter Form.

Ich muss nicht auf eine jenseitige Welt warten, sondern kann mein Dasein hier zur Erfüllung bringen.

WIE: *Suchen Sie einen Ort auf, an dem Sie von Sorgen, die Sie beschäftigen, abgelenkt sind. Dieser Ort sollte aber auf jeden Fall etwas mit der Natur zu tun haben. Ein botanischer Garten, ein Stadtpark, ein Schlosspark, ein Tierpark sind in diesem Fall besser als ein Ausflug dorthin, wo es keine kulturelle Einrichtung gibt. Denn im Zusammenwirken von Natur und Kultur werden Sie erkennen, dass Ihnen beide das schenken können, was Sie brauchen.*
Zudem werden Sie an diesen Orten Menschen treffen, die ähnliche Ziele wie Sie verfolgen. Fühlen Sie sich mit diesen Seelenverwandten verbunden. Betrachten Sie die Blumen, die Tiere, die Anlagen. Versuchen Sie eins mit dem zu werden, was Sie umgibt. Heben Sie alles Trennende auf. Dann merken Sie mit einem Mal, wie das, was auf Ihrer Seele lastete, einem Gefühl der Dankbarkeit für die Existenz all dessen, was Sie gerade wahrnehmen, weicht.

Von nun an sind Sie der, der Sie sind, nicht der, der Sie in den Augen anderer sein soll(t)en. Sie sind mit sich selbst identisch. Aller Ballast fällt von Ihnen ab und Sie spüren, wie sich Neues in Ihnen manifestieren will. Lassen Sie es zu, wehren Sie sich nicht gegen die Bedürfnisse Ihrer Seele. Ihre Seele weiß besser als Sie, woran es Ihnen mangelt und womit Sie sie heilen können. Folgen Sie dem Rat aus Ihrem Innersten – und Sie werden ein wunderbares Gefühl der Leichtigkeit erfahren, das Sie zu gänzlich anderen Prioritäten führt, als Sie es bisher gewohnt waren.

Sie werden sich eine Aufgabe suchen, die Ihnen den Lebenssinn wiedergibt, den Sie verloren haben. Wenn Sie sich für andere einsetzen oder sich für ein höheres Ziel engagieren, finden Sie das, was Ihre Seele trotz möglicher Anfeindungen und nicht zu verhinderndem Ärger gelassen macht: Erfüllung.
Sie haben durchschaut, dass die Vergänglichkeit sich selbst auflöst, sobald Sie den Mut haben, das zu tun, was Ihnen adäquat ist und wofür Sie sich nicht länger verbiegen müssen.

XVII

IM RHYTHMUS DES SEINS

Als im Juli 2011 Otto von Habsburg, Sohn von Kaiser Karl I. und seiner Gattin Königin Zita, stirbt, wird an der Kapuzinerkirche in Wien, einer der Begräbnisstätten der österreichischen Herrscherfamilie, ein besonders Ritual abgehalten: Ein Freund des Verstorbenen, in der Rolle des Zeremonienmeisters, klopft dreimal an das verschlossene Kirchenportal. Von innen hört man es rufen: *Wer begehrt Einlass?* Die Antwort lautet: *Otto von Österreich* – nun folgt eine endlos lange Liste seiner Titel wie *einst Kronprinz von Österreich-Ungarn, Großherzog der Toskana und Krakau, Fürst von Trient und Bozen etc.* Von innen ertönt die Stimme: *Wir kennen ihn nicht.* Erneut muss der Zeremonienmeister klopfen und noch einmal hört man die Frage: *Wer begehrt Einlass?* Nun lautet die Antwort: *Dr. Otto von Habsburg, Präsident und Ehrenpräsident der Paneuropa-Union etc. etc.* Und wieder erklingt die Stimme: *Wir kennen ihn nicht.* Also klopft der Zeremonienmeister ein drittes Mal. *Wer begehrt Einlass?* Dieses Mal heißt die Auskunft: *Otto – ein sterblicher, sündiger Mensch!* Kaum sind diese Worte gesprochen, ertönt von innen die erlösende Antwort: *So komme er herein.* Und das Portal des Gotteshauses öffnet sich weit.

Was manchem vielleicht wie ein überkommenes, absonderliches Ritual vorkommen mag, beherbergt in seiner Tiefe durchaus jenen Gedanken, der uns in diesem Buch bis hierher begleitet hat: dass alles vergeht – Dinge, Titel, Taten, Menschen. Nichts bleibt. Doch macht die Stimme aus der Kirche Hoffnung, da sie den Verstorbenen *herein* bittet. So wie wir aus dem Schoß unserer Mutter in die Welt *hinaus* gelassen wurden, werden wir eines Tages in den Schoß von Mutter Erde zurückkehren – die Frage ist aber nicht *wann,* sondern *womit.* Nehmen wir alles, was uns unsere Tage über begleitet hat, mit auf unsere *letzte Reise,* wie es etwa die Pharaonen taten, oder verlassen wir unser Dasein so, wie wir es begonnen haben? So abwegig ist diese Frage gar nicht, denn in Amerika etwa ist es durchaus gang und gäbe, sich mit seinen Lieblingsbüchern oder anderen Gegenständen bestatten zu lassen, vermutlich, damit einem im Grab nicht langweilig wird. Nun sollte man meinen, im Buddhismus sei dies anders. Doch weit gefehlt: Wer einmal den chinesischen Friedhof in Manila besucht, wird sich wundern. Es ist unglaublich, welcher Totenkult hier herrscht. Mausoleen, so groß wie europäische Einfamilienhäuser sind für die Toten errichtet worden, mit Briefkästen, in die man seine Post an die Verstorbenen werfen kann, mit Tischen, auf denen die Lieblingsspeisen der toten Verwandten serviert werden samt Bier und Pflaumenschnaps, mit Autos, damit der Tote sich vielleicht eines Tages hinfort bewegen kann etc. An diese Totenstadt grenzt ein Armutsviertel, in dem nackte Kinder in vom Regen durchweichten Kartons schlafen, da sie kein Zuhause haben. Man möchte meinen, den Toten ginge es hier wesentlich besser als den Lebenden. Dennoch stehlen diese nichts vom Friedhof, auch wenn sie es dringend gebrauchen könnten. Denn sie wissen, dass es in ihrer Religion eine Welt gibt, welche *die andere Seite* genannt wird. Es ist die Welt, wie sie sein sollte. Eine Welt frei von Leid. Das Leid entsteht aus dem Hunger nach Leben. Der Tod hilft deshalb, den Zustand der Wunschlosigkeit zu

erreichen. Gleichwohl existiert der Tod als absolutes Ende nicht. Es gibt nur das Rad der ewigen Wiederkehr, wobei die Seele 49 Tage braucht, um ihren neuen Weg zu finden. Durch sein Bewusstsein erlangt der Sterbende Erleuchtung und kann sogar Ort und Zeit seiner Wiederkehr selbst bestimmen.
Es geht also nicht nur darum, den Tod zu überwinden, sondern auch das Leben, um durch den Tod wieder zum Leben zurückzufinden. Dieser Gedanke ist letztlich allen Religionen zu eigen.

JENSEITSVORSTELLUNGEN

Im Judentum heißt der Friedhof übersetzt Haus des Lebens, und am Begräbnisort wird gebetet: Gelobt seist Du Ewiger, der Du die Toten wiederbelebst. Im Islam ist der Tod der Durchgang zum Paradies. Dort gibt es ein Weiterleben aber nur, wenn man die Fünf Gesetze des Koran befolgt hat: Beten, Fasten, Almosen geben, Glaube an Allah sowie eine Reise nach Mekka. Märtyrer gelangen nach dem Tod unmittelbar ins Paradies, alle anderen müssen das Weltenende und den Richterspruch Allahs erwarten. Und die Hindus erhoffen nach der Wiedergeburt eine Vereinigung mit Brahman, dem Weltgeist. Seele des Verstorbenen, fahre dahin, ziehe Deines Weges, heißt es im Heiligen Buch Rigweda, kehre zurück in Deine Heimat und nimm dort herrliche Gestalt an. In tibetischen Buddhismus ist die Seelenreise eine Reise in das höhere und erweiterte Bewusstsein. Ziel allen Daseins ist das Erwachen, das Erwachen hinein in das wahre Licht der Erlösung. Wer alles Leben als Illusion erkennt, vermag sogar aus dem Kreislauf der Wiedergeburten auszusteigen und zum vollkommenen Sein zu gelangen.

Der *Tod an sich* und das *Leben an sich* stellen das gemeinsame Schicksal aller Menschen in allen Religionen dar, selbst bei Atheisten oder Agnostikern. Der Tod ist notwendiger Bestandteil des Lebens und Ausdruck des einen Seins in der Einheit von Leben und

Tod. Im Leben offenbart sich das Sein, im Tod kommt der Mensch zu sich selbst.
Wir werden vergänglich empfangen und geboren. Aber alles Vergängliche ist – wie wir von Goethe wissen – nur ein Gleichnis. Ein Gleichnis wofür? Für das Leben in einer Welt zum Tode. Für den Tod in einer Welt zum Leben. Beide Male begehren wir Einlass.

ANREGUNG 17

WAS: *Im Rhythmus des ewigen Seins ist selbst der Tod fruchtbar. Er empfängt seine Möglichkeit aus den Tiefen des Lebens. Alles, was lebt, stirbt, und alles, was gestorben ist, wird leben. Sind also Tod und Leben im Grunde eins? Können Werden und Vergehen nicht voneinander getrennt werden? Müssen wir töten, um zu leben? Müssen wir sterben, um zu leben?*

Ich habe keine Furcht vor dem Leben, ich kenne keine Angst vor dem Tod.

WIE: *Eines Tages müssen wir alles, was wir besitzen, loslassen. Leicht fällt das wohl den wenigsten. Das ist grundsätzlich auch in Ordnung, da es zu den menschlichsten Eigenschaften überhaupt gehört, Geliebtes – und Gewohntes – festhalten zu wollen. Dennoch kann man sich die Bereitschaft loszulassen ein Stück weit erarbeiten und so den Schmerz des Abschieds durch Übung erträglicher machen. Außerdem hat das, was nun folgt, auch einen ganz praktischen Sinn: Sie befreien sich von dem, was Sie nicht mehr brauchen oder möchten und fühlen sich dadurch irgendwie „neu". Sie müssen sich nicht von wirklich lieb gewonnenen Dingen trennen. Fangen Sie an mit den „Staubfängern" in Ihrem Leben.*

Stellen Sie alles zusammen, was sich im Laufe der Zeit angesammelt hat und was Sie nicht mehr benötigen oder wovon Sie sich schon lange trennen wollten. Gehen Sie dabei ganz praktisch vor, durchsuchen Sie Ihre Schränke und Schubladen und holen Sie Kisten und Krempel aus dem Keller. Werfen Sie aber nichts weg.

Nun wäre es natürlich das Einfachste, alles zum nächsten Flohmarkt zu bringen. Besser aber ist Folgendes:

Betrachten Sie jeden Gegenstand genau. Denken Sie daran, von wem Sie ihn bekommen haben oder wo sie ihn wann und warum gekauft haben. Ist er Ihnen vielleicht doch noch wichtig? Welche Geschichte verbinden Sie mit ihm, welche Orte, welche Menschen? Versuchen Sie zu erspüren, ob er noch über positive Energie verfügt. Gehört er doch irgendwie zu Ihrem Leben?

Ist dem nicht so, verschenken Sie ihn und alles Weitere, was für Sie keine persönliche Bedeutung mehr hat. Erleben Sie den Akt des Loslassens ganz bewusst als Befreiung. Seien Sie sich aber darüber im Klaren, dass Sie diesen Gegenstand nie wieder in Händen halten werden, solange Sie leben. Bedanken Sie sich still bei denen, die ihn hergestellt, verkauft oder Ihnen geschenkt haben. Seien Sie dankbar dafür, dass Sie ihn eine Zeit lang besitzen durften. Wenn Sie sich nicht ganz sicher sind, was ein Gegenstand Ihnen tatsächlich bedeutet, bitten Sie einen lieben Freund, diesen Gegenstand bis zu Ihrem nächsten Geburtstag für Sie aufzubewahren und Ihnen an diesem Tag zurückzugeben. Hat er dann seine Bedeutung für Sie verloren, verschenken Sie ihn. Wenn Sie immer noch an ihm hängen, halten Sie ihn in Ehren.

Der Sinn dieser Übung liegt darin, Gegenstände weder gedankenlos zu erwerben noch ohne Wertschätzung wegzugeben. Immerhin kosten die Dinge Geld und werden von irgendjemandem auf der Welt hergestellt, der dafür wiederum seine Kreativität, seine Zeit und seine Energie eingesetzt hat. Wenn wir nicht nur Menschen, sondern auch Dinge ganz bewusst betrachten, lernen wir, dass alles, was uns umgibt, einen Wert hat, egal, wie wertlos es aussehen mag – und dass man aus allem scheinbar Wertlosem etwas Wertvolles machen kann, das wir freilich eines Tages wieder hergeben müssen bzw. an die, die uns nachfolgen, „vererben" dürfen. Dadurch erkennen wir, dass wir nichts besitzen können, dass uns alles nur für eine gewisse Dauer geliehen ist. Gut, wenn es uns leichtfällt, diese Dinge eines Tages loszulassen. Noch besser, wenn wir uns zuvor an ihnen erfreuen können.

XVIII

DIE KUNST DER INNEREN ACHTSAMKEIT

Bedenke, dass du sterblich bist, lautete die Ermahnung der Mönche im Mittelalter. Doch schon beim antiken Orakel von Delphi findet sich der Satz *Gnothi sauton! Erkenne dich selbst,* der später zu *Erkenne, dass du sterblich bist* verändert wurde. Wir alle neigen dazu, diese Aufforderung zur Gänze zu ignorieren. Sterben – das trifft immer nur die anderen. Wir selbst scheinen unsterblich zu sein, zumindest handeln wir meist in einem Bewusstsein der Selbstüberschätzung. Und auch wenn wir uns gelegentlich mit der Thematik des Sterbens beschäftigten, wir wären dennoch nicht fähig, diesen Gedanken in unserem Leben umzusetzen. Doch was wäre wenn? Wie sähe die Welt aus, wenn wir uns auf Schritt und Tritt das Unvermeidliche ins Gedächtnis riefen? Wie würden wir uns unseren Mitmenschen gegenüber verhalten, wenn wir wüssten, dass wir nicht ewig sein werden? Dass – im Gegenteil – ein kleiner Windstoß genügt, uns von unserem hohen Ross zu stoßen? So voll von Hybris der Mensch auf der einen Seite ist, so verletzlich ist er auf der anderen. Ein winziger Moment der Unaufmerksamkeit – und schon können wir einen Unfall verursachen, bei dem wir nicht nur uns, sondern auch anderen, die mit uns überhaupt nichts zu tun haben, erheblichen Schaden zufügen. Ist dies dann Schicksal oder doch eher mangelnde Achtsamkeit? Ich denke, es handelt sich um Letzteres. Wir hätten zwar die Anlage zur dieser hervorragenden Tugend, doch wir verdrängen sie oft mit dem Gedanken *Wird schon gut gehen*! Immer wieder überschätzen wir uns, was zwar für uns selbst manchmal einen pädagogischen Nutzen haben mag (*aus Schaden wird man klug*), aber anderen womöglich Schmerz und Leid bringt. Im Talmud, einem der bedeutendsten Werke des Judentums, heißt es:

Achte auf Deine Gedanken,
denn sie werden Worte.

Achte auf Deine Worte,
denn sie werden Handlugen.

Achte auf Deine Handlungen,
denn sie werden Gewohnheiten.

Achte auf Deine Gewohnheiten,
denn sie werden zu Deinem Charakter.

Achte auf Deinen Charakter,
denn er wird Dein Schicksal.

Achtsamkeit ist darüber hinaus eine Kunst, die man durchaus erlernen kann – wenn man diese Eigenschaft nicht ohnedies schon in sich trägt. Ein Beispiel: Deutsche beklagen sich immer wieder über die Art und Weise, wie Italiener Auto fahren. Es scheint aber so zu sein, dass Italiener trotz ihres unorthodoxen Fahrstils weniger Unfälle verursachen als Deutsche, die stets auf die Verkehrsregeln und damit auf ihr Recht pochen. Woher kommt das? Ich denke, von der Kunst, sich bewusst oder unbewusst in andere hineinzuversetzen, die italienische Autofahrer offensichtlich besser beherrschen als deutsche. Der Philosoph Christian Kellerer nennt dieses Phänomen *Ahmung* und seine Gattin Marylka Bender hat darüber ein ganzes Buch mit dem Titel *Das Geheimnis des ansteckenden Lä-*

chelns verfasst. Es erschien am Tag ihres 100. Geburtstags, worüber sie selbst am meisten lächelte. In diesem Werk beschreibt sie etwa, weshalb wir das Gesicht verziehen, wenn wir erleben, wie jemand in eine Zitrone beißt. *Ahmung*, sagt die Autorin, *ist Teil, ja Grundlage unserer Fähigkeit, uns auszudrücken, mitzuteilen und zu verstehen*. Und genau darum geht es: dass wir einander verstehen. Das geschieht einmal natürlich ganz bewusst, aber eben auch unbewusst, indem wir andere ahmen. Wir können dies nicht nur beim Biss in die Zitrone beobachten, sondern auch beim *ansteckenden Gähnen* oder beim *ansteckenden Lachen*. All dies hat wiederum mit dem Bedürfnis oder auch der Kunst der Einfühlung zu tun, für die *Achtsamkeit* nur ein anderes Wort ist. Je achtsamer wir mit uns, den Mitmenschen und allem, was um uns ist, umgehen, desto eher werden wir verstehen, wie wertvoll all dies ist. Je weniger achtsam wir uns hingegen gebärden, umso eher werden wir das verursachen, was eigentlich gar nicht in unserer Absicht stand.

ACHTSAMKEIT UND WERT

Den Wert einer Liebe erkennen wir meist erst in dem Moment, in dem wir verlassen werden oder selbst jemanden verlassen. Den Wert eines Menschen erfassen wir meist erst dann, wenn er nicht mehr bei uns ist, sei es durch Wegzug oder durch Tod. Den Wert von Dingen (so es einen solchen im übergeordneten Sinn überhaupt gibt) erfahren wir ebenfalls häufig erst dann, wenn wir sie nicht mehr besitzen. Sonderbarerweise schätzen wir offenbar das, was nicht mehr da ist, eher als das, was bei uns ist. Wie aber wäre es, wenn wir wüssten, dass der geliebte Mensch uns bald verlassen wird? Wenn wir wüssten, dass der Arbeitskollege morgen bei einem Autounfall sterben oder dass unser Haus übermorgen Opfer der Flammen werden wird? Man verzeihe mir diese Gedanken, aber ich meine, dass sie in ihrer Härte heilsam sind. Wüssten wir nämlich, dass all dies geschehen wird, so würden wir uns gänzlich anders verhalten – liebevoll vermutlich und natürlich achtsam.

Der gleiche Gedanke gilt für die Vergänglichkeit und die damit verbundene Frage, worum es im Leben eigentlich geht. Wüssten wir das Datum unseres Todes oder das unserer Angehörigen, wie anders würden wir dann miteinander umgehen? Würden wir uns noch streiten und uns mit Worten oder Taten verletzen? Würden wir noch versuchen, uns einen Vorteil zu verschaffen? Würden wir uns noch gegenseitig auf die Nerven gehen? Oder würden wir nicht vielmehr danach streben, uns das Dasein so angenehm wie möglich zu gestalten, da wir ob seiner Kürze erschrecken? *Ars longa, vita brevis (Lang ist die Kunst, kurz das Leben)*, diese Worte des Hippokrates, des berühmtesten Arztes der Antike, wurden vom römischen Philosophen Seneca überliefert. Dieser hatte selbst ein Buch über die Kürze des Lebens geschrieben, in dem es hoffnungsvoll heißt, dass das Leben für den, der gut damit umzugehen weiß, genügend Raum hat. Erinnert das nicht an das *While alive, he lived* von Malcom Forbes? Darum geht es also: Trotz des Wissens um die Endlichkeit all unseres Seins und Strebens so zu leben, dass wir die Jahre, die wir zur Verfügung haben, nutzen bzw. mit geistigem Wachstum erfüllen. *Den Jahren mehr Leben geben* heißt der Slogan eines Herstellers für Nahrungsergänzungsmittel – nicht umgekehrt *Dem Leben mehr Jahre*. Was, wenn wir dies auch auf das Seelische und Geistige beziehen würden? Der erste Schritt dazu wäre die Achtsamkeit, die ganz einfach auszuüben ist. Das Einzige was wir tun müssen, ist, stets die Meinung, die Haltung, die Ansicht etc. unseres Gegenübers zu erfragen und diese dann zu bedenken, bevor wir unsere eigene kundtun. Die Jesuiten, die im Disput mit anderen meisterlich geschult sind, kämen nie auf die Idee, ihre Ansicht spontan laut zu äußern; erst versuchen sie, die Argumente des *Gegners* besser zu verstehen als dieser selbst, denn so vermögen sie sie erfolgreich zu parieren. Dies ist (leider) auch eine alte Kriegslist: Je mehr ich über meinen Gegner weiß, umso eher kann ich ihn besiegen. Eine Taktik, derer sich vor allem waffen- oder zahlenmäßig Unterlegene oftmals bedienen. Wenn wir sie jedoch für das Gute einsetzen, wird sie uns gewiss dorthin führen, wo wir am ehesten Erfüllung finden: zur Liebe.

Wie das Leben an sich, so fordert auch die Liebe die allerhöchste Achtsamkeit. Sie ist wie eine kostbare chinesische Vase aus allerfeinstem Porzellan, die zerbricht, sobald man sie mit groben Händen anfasst. Wenn etwas so Filigranes nur noch in Stücken vor einem liegt, ist es nicht mehr zusammenzusetzen. Wir sollten deshalb nicht nur bedenken, dass wir selbst sterblich sind, sondern uns noch vielmehr darüber bewusst sein, dass es auch die anderen sind. Nehmen wir an, wir lägen schon seit Jahren im Streit mit unserem Vater oder unserer Mutter. Irgendwann stirbt dieser Elternteil. Was dann? Es gibt keine Chance mehr, den Streit gemeinsam aus dem Weg zu räumen. Jede Gelegenheit ist vertan. Wir werden immer mit dem Schuldgefühl leben müssen, es versäumt zu haben, eine Einigung herbeizuführen. Gleiches gilt natürlich für Geschwister, Liebespartner, Freunde, Kollegen. Wenn der, mit dem man in Unfrieden ist, nicht mehr da ist, wenn es keine Chance auf *Wiedergutmachung* mehr gibt – ja, was dann? Dann müssen wir mit der *Schuld* leben. Vielleicht ist dies die einzige Erbsünde der Menschen: dass wir nicht fähig sind, uns schon vor dem Streit, dem Zwist, der Auseinandersetzung, dem Krieg *zusammenzusetzen*, um die fragliche Angelegenheit ein für alle Mal zu klären. Da wir dies nicht tun, wird immer der gewinnen, der der Stärkere ist. Doch womit wird dieser Sieg errungen? Mit Leid, mit Unrecht, im Fall des Krieges mit Tod. Trotzdem feiert man den Sieger.

Irdische Siege sind aber immer vergänglich. Ein anderer wird kommen, um einem das Errungene wieder wegzunehmen. *Arm das Land, das einen Tyrannen wie einen Helden verehrt und das einen ruhmreichen Eroberer für einen Wohltäter hält … Arm das Land, das seinen neuen Herrscher mit Trompetenstößen willkommen heißt und mit Hohngelächter ihn verabschiedet, nur um einen anderen wieder mit Trompeten zu begrüßen,* sagt der libanesische Schriftsteller Khalil Gibran.

Würden wir dem *Memento mori!* folgen, wie sähe dann unser Leben, wie sähe dann unsere Welt aus? Besser? Schlechter? Wie würden wir selbst sein? Besser? Schlechter? Wie würden wir mit anderen umgehen? Besser? Schlechter? Und wie würden wir uns fühlen? Besser? Schlechter? Entscheiden Sie selbst.

ANREGUNG 18

WAS: *Im steten Bewusstsein des Todes zu leben, führt automatisch zu mehr Achtsamkeit, da wir uns der Tatsache bewusst werden, dass all unseren Handlungen und Begegnungen Grenzen gesetzt sind. Das Wissen um diese Grenzen prägt uns in so erheblichem Maße, dass wir Entscheidungen treffen, die von Umsicht gekennzeichnet sind. Unser Tun richtet sich ebenfalls danach. Damit beeinflussen wir aber auch unser gesamtes Umfeld. Negative Gefühle wie Hass etc. empfinden wir als störend – und entwickeln gerade deshalb positive Stimmungen.*

Je mehr Achtsamkeit ich ausübe, umso mehr liebe ich die Menschen; dadurch werden auch sie mich achten und lieben.

WIE: *Sagen Sie sich jeden Morgen beim Aufstehen „Memento mori". Schreiben Sie sich das „Bedenke, dass du sterblich bist!" auf ein Blatt Papier und hängen Sie es an eine Wand in dem Raum, in dem Sie sich am meisten aufhalten. Sollten Sie Familie haben, beziehen Sie einfach Ihre Lieben in diese Überlegungen mit ein. Besprechen Sie die Thematik mit Ihrem Partner und mit Ihren Kindern. In der Schule kommt man (außer im Lateinunterricht) mit diesem so wichtigen Lebensthema nicht in Berührung.*
Rufen Sie sich das Motto jeden Tag erneut ins Bewusstsein. Sie werden sehen, dass Sie schon nach wenigstens einer Woche ein anderes Verhältnis zu sich selbst und zu anderen bekommen – Sie werden mitfühlender, verständiger, liebender als zuvor sein, weil Sie verstanden haben, dass Ihr Leben und das der Ihren nicht ewig währt, sondern lediglich „geleast" ist.

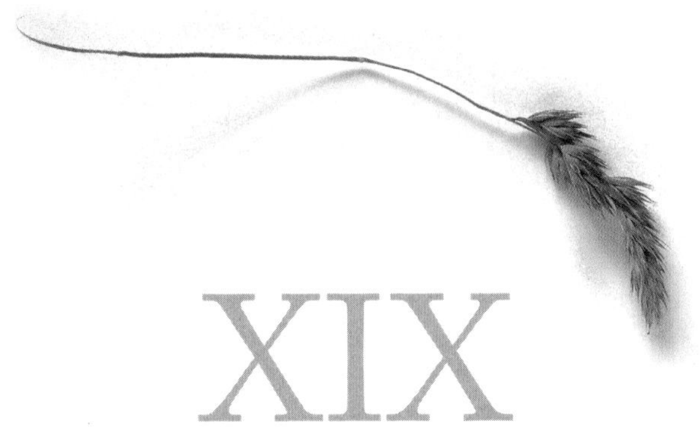

XIX

BEGEGNUNG MIT DER EWIGKEIT

Die erste Station jener Reise in die Südsee, von der ich schon in Bezug auf das Grab von Malcolm Forbes berichtete, war Hawaii. Auf der Insel Maui besuchte ich die dort lebende Schweizerin Kutira Decosterd; ich hatte zuvor von einem Freund gehört, dass sie jeden Tag mit wild lebenden Delfinen und Walen schwämme und dass sie die erste Frau der Welt sei, der die Aborigines, die Ureinwohner Australiens, das Spielen ihres heiligen Instrumentes, des Didgeridoo, gestattet hatten. Der Name *Kutira* bedeutet *Tempel der Liebe* und passt sehr gut zu dieser faszinierenden Frau. Eines Morgens fuhren wir zusammen mit einigen weiteren interessanten Menschen, die man hierzulande vielleicht als Aussteiger bezeichnen würde (unter anderem einem Mathematikprofessor, der später als *The Dolphinman* international berühmt wurde), mit einem Katamaran aufs Meer hinaus. Ich genoss das Licht, das klare Wasser und den wunderschönen Gesang von Kutiras Freunden in vollen Zügen. Sinn unserer Reise war die Begegnung mit Buckelwalen, die zu dieser Jahreszeit hier anzutreffen waren, freilich immer mit der Absicht, die gebotene Distanz zu wahren. Nun aber hielt Kutira das Didgeridoo ins Wasser und begann dem Instrument jene tiefen Töne zu entlocken, die es so unvergleichlich machen. Und es dauerte keine Minute, schon kam der erste Meeresgigant auf unser Boot zu. Es war, als würde er wissen wollen, was da vor sich ging. Immer näher schwamm er, tauchte kurz, präsentierte seine majestätische Schwanzflosse im Sonnenglast, kam wieder an die Oberfläche und war nunmehr so nah am Boot, dass er es jeden Augenblick mit einem kleinen Schubser hätte umwerfen können. Bevor ich ihn mit meiner Hand berührte, blickte ich in sein Auge – und es war, als ob ich der Ewigkeit begegnen würde.

Der Philosoph Boethius nennt die Ewigkeit *den in seiner ganzen Fülle immer gegenwärtigen Vollbesitz eines unbegrenzten Lebens.* Auch wenn dieses Leben sich stets wandelt, so bleibt es prinzipiell endlos. Identifiziert man solches Leben mit dem Sein an sich bzw. mit dem Sein des Seienden, tritt einem das Göttliche entgegen. Dieses ist zeitlos und unvergänglich; das mag der Grund sein, weshalb Menschen seit jeher auf der Suche nach ihm sind bzw. es verehren und anbeten.

DIE ELEMENTARE HERAUSFORDERUNG

Der Mensch begegnet dem Ewigen und somit der Ewigkeit entweder in seinem Inneren oder im Außen in Gestalt der Natur. Bevorzugte Orte dieser Begegnung sind das Meer, die Berge und die Wüste, welche das Individuum gleichermaßen herausfordern und es mit dessen Endlichkeit vertraut machen. Die Herausforderung der Elemente war schon immer ein Grund für Abenteurer und Philosophen gleichermaßen, nicht nur den Versuch zu wagen, die Endlichkeit (und damit die eigenen Grenzen) zu überwinden, sondern vor allem das Unfassbare zu erfahren. Denn in der Begegnung mit den Elementen können wir sowohl das Höhere entdecken als auch Weltkenntnis und Einsicht erlangen. Die Motive für die Begegnung mit der Ewigkeit sind also stets irgendwie religiöser Natur, wobei in beiden Fällen die Anwesenheit Gottes als materielle Abwesenheit verspürt werden kann.

In einer sinnentleerten Welt ist die Begegnung mit dem Unfassbaren nötiger denn je geworden. Berge, Meer und Wüste lehren den Menschen, alles Überflüssige abzuwerfen, um wieder zu sich selbst zu gelangen – was eine Sinnfindung impliziert. Nicht umsonst ziehen Moses, Johannes und Jesus in die Wüste, nicht umsonst leben tibetische und andere Mönche einsam und zurückgezogen in Bergklausen, nicht umsonst nehmen Segler das Wagnis einer Weltumrundung auf sich. Meer, Berge und Wüste werden seit jeher als Orte des Heils und somit des Heiligen und der Heilung begriffen. Daher sind diese Elemente auch gleichnishaft zu verstehen: als innere Orte, die eine Sprache sprechen, welche den Suchenden zu seiner eigenen tiefen Quelle führt, aus der heraus er sein künftiges Dasein zu erfüllen vermag.
Die moderne Freizeitindustrie mit ihren vielfältigen Angeboten ist ein Ausdruck des Bedürfnisses, sich dieser Begegnung tatsächlich auszuliefern. Aber auch, wenn sie nicht auf direktem Wege gesucht wird, sondern sich schicksalhaft ereignet – indirekt ist sie stets der Motor einer Verwandlung, durch die gerade das Bleibende angestrebt wird. Die Wahrheit, die durch diesen Vorgang gefunden wird, führt den Menschen näher an sein Ziel, näher zu sich selbst, näher zum Ewigen. Meer, Berge und Wüste sind also nur Sinnbilder für die Unendlichkeit, die wir erst durch die direkte Begegnung mit uns zu erfahren in der Lage sind. Und gerade darum geht es ja, wenn wir den Zauber der Vergänglichkeit erleben. In der Wüste bleibt nichts, wie es ist, und doch ist es dieselbe Wüste. Das Meer ändert sich ständig, und doch ist es stets dasselbe Meer. Der Berg mag ewig und statisch erscheinen, aber auch er verändert sich allein durch die Windabtragungen der Felsen unaufhörlich. Die hier anzutreffende Dialektik ist ausschlaggebend für unser Thema. Wir leben, vergehen aber gleichzeitig. Wir sind stets dieselben, verändern uns jedoch pausenlos. Wir sind vergänglich, ahnen (und hoffen) aber, dass unser Tod nicht unbedingt ein faktisches Ende darstellen muss.

Als der Wal unter dem Boot hindurchgeschwommen war, stimmten Kutiras Freunde einen Dankesgesang an, den ich wie ein Ritual dem Leben gegenüber wahrnahm: *Thank you, thank you, thank you for the spirit.* Und mit einem Mal verstand ich, was mit dem Geist, der über den Wassern schwebt, gemeint war.

ANREGUNG 19

WAS: *Es gibt eine Möglichkeit, dem Absoluten näherzukommen. Aber nur dann, wenn ich von mir selbst weggehe, also mich vergesse, mich selbst entäußere. Dies gelingt im Gebet, in der Meditation, aber eben auch im achtsamen Erleben der Natur. Indem ich ihr und ihren Wundern begegne, entwickle ich eine tiefe Achtung für alles Leben. Und ich begreife, dass ich selbst ein Teil der Schöpfung bin. Alles Äußere wird immer geringer, ich bin auf dem Weg zum Sein. Dorthin, woher ich komme und wohin ich einst gehen werde.*

Ich vereine mich mit der Natur und entdecke in ihr all das, was ich vermisst habe. Ich werde eins mit ihr und bin glücklich.

WIE: *Von den drei angeführten Orten, die für eine Begegnung mit der Ewigkeit infrage kommen, ist die Wüste wohl am besten geeignet. Vermutlich deshalb, weil sie Elemente der beiden anderen beinhaltet. Es gibt dort, wenn auch nur wenig und versteckt, Wasser, und es gibt Berge bzw. Hügel in Form von Dünen, die sich zwar ständig verändern, aber immerhin bis zu einigen Hundert Metern auftürmen können.*
Buchen Sie also wenn irgend möglich eine Wüstensafari. Ein solches Abenteuer kostest heute nicht mehr als ein normaler Strandurlaub, und Sie finden Reiseziele dieser Art überall dort, wo es Wüsten gibt.
Versuchen Sie, in einem Wüstencamp zu übernachten.
Betrachten Sie in der Nacht den Sternenhimmel. Werden Sie eins mit ihm.
Suchen Sie am Tag den Horizont. Werden Sie eins mit ihm.
Suchen Sie bei Tag und bei Nacht Ihren Ursprung.
Sie werden ihn finden … und Sie werden verstehen, wie kostbar Ihr Leben ist. Sie werden aber keine Angst mehr vor dem Tod haben, denn Sie haben erkannt, dass alles eins ist – und dass Sie darin den Mittelpunkt darstellen.

XX

BEWUSSTES STERBEN

Phowa nennt sich ein Ritual, das im tibetischen Buddhismus gepflegt wird und von einigen Lehrern, darunter dem Dalai Lama und dem Lama Ole Nydahl auch westlichen Schülern und Interessierten vermittelt wird. Es bedeutet *bewusstes Sterben*. Man kann es im Augenblick des Todes für sich selbst nutzen oder aber anderen helfen, den Körper zu verlassen.

Als ich mich diesem Thema zum ersten Mal näherte, fand ich es zwar spannend, konnte mir aber nicht sehr viel darunter vorstellen. Also entschied ich mich, einen Phowa-Kurs zu besuchen, den Lama Ole Nydahl im Europa-Zentrum jener Buddhisten abhielt, die dem *Diamantweg* folgen. Dieses bei Immenstadt im Allgäu gelegene Anwesen besteht aus einer Jugendstilvilla, in dem die Verwaltung untergebracht ist, und ausgedehnten Bergwiesen, auf denen bei Kursen riesige Zelte errichtet werden, um den Besuchern ein Dach über dem Kopf zu bieten. Ich gestehe, dass ich anfangs äußerst skeptisch über derartige Veranstaltungen dachte. Vor allem fürchtete ich, der ich mich stets als Hyperindividualist wähnte, mich unter all den Menschen, die meditieren und Sanskrit-Gesänge anstimmen würden, doch sehr sonderbar zu fühlen. In meinem Kopf hatte ich Bilder vom Weltjugendtag oder von Katholikentagen, bei denen die Teilnehmer stets wohlgelaunt und von einer sonderbaren Kraft beseelt, edel, hilfreich und gut sind. Ganz ähnlich ging es in Immenstadt am Alpsee zu. Menschen aus der ganzen Welt waren gekommen, um von Lama Ole in das bewusste Sterben eingeführt zu werden. Die verschiedenen Sprachen stellten keinerlei Barriere dar. Eigentlich sonderbar, dachte ich, als ich bemerkte, dass die meisten der Teilnehmer (am Ende der Woche waren es ca. 4500) vielleicht halb so alt waren wie ich. Was wollten sie hier? Wer kommt schon auf die Idee, sich mit 20 oder 25 für das Sterben zu interessieren? Und doch verhielt es sich so. Mit einem Mal legte sich meine Scheu und ich fühlte mich geborgen in dieser Menge. Offenbar hatte mein Körper genügend Oxytocin produziert, jenes Bindungshormon, das nicht nur der Mutter-Kind-Bindung dient, sondern auch dafür verantwortlich ist, dass wir uns bei Massenveranstaltungen wohlfühlen.

Dass Lama Ole nicht wie ein tibetischer Lama in rotem oder gelbem Mönchsgewand auftrat, sondern in T-Shirt und Militärhosen, verwunderte die meisten der Anwesenden nicht, denn sie hatten ihn schon einige Male erlebt. Meine aus Asien stammende Begleitung, die Rituale wie diese aus diversen Tempeln kannte, war in höchstem Maße über die europäische Variante dieser Frömmigkeit erstaunt, bei der man sich weder vor dem Lama verneigen noch während seiner Belehrungen still sitzen bleiben musste. Ihr kam das Ganze zunächst eher wie eine Beachparty vor.

Wer die *Kama-Kagyü-Linie* des Diamantweg-Buddhismus kennt und speziell die westliche Verwirklichung durch Lama Ole, der weiß, dass es sich hier um *die wilden Kerle* handelt, die sich weder sektiererisch noch frömmelnd der Meditation und dem Kennenlernen des eigenen Ich hingeben. Die Anhänger dieser Linie sind junge, aufgeschlossene Menschen, die diesen Weg in aller Freiheit gewählt haben, weil sie etwas über sich und das Leben lernen wollen.

Deshalb kamen sie auch in dieser Vielzahl, um die Phowa-Praxis zu erlernen, die Lama Ole hier in einer *light version* anbot, da die wirkliche, fast geheime, viele Jahre der inneren Versenkung und des Studiums der buddhistischen Eigenheiten bedarf. Doch Ole Nydahl war der Ansicht, dass auch die einfache Form noch genügend Kraft bietet, den Umgang mit Sterben, Tod und Wiedergeburt zu erlernen, wobei ein weiterer Sinn des Phowa der ist, das Dasein in seiner ganzen Bandbreite zu erkennen und aus dieser Perspektive heraus zu schätzen. *Sterben lernen, um das Leben zu verstehen* – ein sehr spannender Ansatz.

Nach einer Einführung in die komplexe Materie, die als Abendveranstaltung abgehalten wurde, versammelten sich die Kursteilnehmer am nächsten Tag, um in die Praxis eingewiesen zu werden. Diese besteht hauptsächlich aus einer Wort- und Gesanges-Liturgie, die auch *der tiefgründige Weg der Bewusstseinsübertragung* genannt und sieben Tage lang über Stunden wiederholt wird. Dabei lernt man sich vorzustellen, wie in der Mitte des eigenen Körpers ein Lichtrohr existiert, völlig gerade, fein und nicht dicker als ein Bambusrohr. Es öffnet sich als ein Trichter hinten auf dem Scheitel und ist eine Handbreit unterhalb des Nabels rund und abgeschlossen, mitten im Körper. Auf Herzenshöhe ist es durch ein Häutchen unterbrochen. Über diesem erscheint die Lebenskraft dessen, der meditiert, als ein grüner Energietropfen, und darüber steht in roter Farbe sein Bewusstsein in Form der Sanskritsilbe HRIH.

Diese Silbe wiederholt man während der Liturgie einige Male laut, um sie dann mit allen gemeinsam in einem Schrei aus dem Mund zu entlassen. Es ist eine spannende Erfahrung mitzuerleben, wie einige Tausend Menschen dies zu gleicher Zeit tun und welche Energie dabei entsteht. Nach tibetischer Lehre ist es übrigens so, dass das Bewusstsein im Augenblick des Todes den menschlichen Körper

über die neun Körperöffnungen verlässt. Durch die Phowa-Praxis können nun auf der Schädeldecke zusätzliche winzige Löchlein entstehen, durch welche sich das Bewusstsein einen weiteren Weg bahnt. So können wir noch während des Lebens eine Ahnung von dieser Erfahrung erhalten. Diese Bewusstseinslöchlein können nach erfolgreicher Meditation tatsächlich festgestellt werden – ich z. B. hatte drei davon, auch wenn ich es selbst kaum glauben konnte; sie blieben allerdings nicht – dies geschieht nur bei andauernder innerer Versenkung. Nach tibetischer Vorstellung lösen sich dann alle Energien auf und der Raum geht in das über, was *klares Licht* genannt wird. Dort wird die wahre Natur des Geistes erlebt. Alle bisherigen Erfahrungen werden losgelassen und man erlebt den Wahrheitszustand des Buddhas.

EINE NEUE DIMENSION

Was sich zugegebenermaßen für einen westlichen Menschen zunächst wie wüste Esoterik anhört, ist für denjenigen, der in der tibetischen Meditationspraxis erfahren ist, so normal wie für den Christen z. B. die Wandlung bei der Eucharistie. Es geht aber auch gar nicht darum, wer nun recht hat, sondern darum, zu erkennen, dass der Tod, in welcher Religion auch immer, stets das Tor in eine neue Dimension des Daseins aufstößt (wobei der Buddhismus keine Religion im klassischen Sinne ist, sondern eher eine Lebensphilosophie). Wir können daraus schließen, dass mit dem Tod unsere Reise nicht zu Ende ist, sondern vermutlich erst beginnt. Im Buddhismus und im Hinduismus fangen dann die verschiedenen Wiedergeburten an, bei den Moslems, Juden und Christen wartet das Paradies auf die, die Gutes taten. Der Unterschied zwischen den verschiedenen Jenseitsdarstellungen ist der, dass die moderne Naturwissenschaft, und hier vor allem die Hirnforschung, das, was der Buddhismus beschreibt, zu bestätigen scheint, zumindest ist man auf dem Weg, Nahtoderfahrungen und Ähnliches so zu deuten, dass sie dem entsprechen, was im Buddhismus über das Bewusstsein und den Geist ausgesagt wird.

Es gibt nicht nur die Wirklichkeit, die wir mit unseren Sinnen zu erfahren vermögen, es existiert auch eine nicht sichtbare, feinstoffliche Welt, die wir mit unserem Bewusstsein erfahren können. Die Drogenexperimente der 70er-Jahre waren ein erster Hinweis darauf, dass die (vermeintliche) Realität nicht unbedingt das einzige sein muss, was real ist, und heute ist es die Quantenphysik selbst, die auf dem Weg ist herauszufinden, dass nichts so ist, wie wir materiell geprägten Zeitgenossen es zu wissen glauben. Lama Ole Nydahl sagt: *Folgt man den neuesten Erkenntnissen, ist Wiedergeburt einsichtig. Es ist vergleichbar mit einem Radio: Auch wenn das Gerät kaputt ist, spielen die Radioprogramme weiter. Wenn der Empfänger, das Gehirn, allmählich zerfällt, was beim Sterben der Fall ist, und immer weniger Programme abspielen kann, verschwindet nicht der gesamte Mensch, sondern nur seine materielle Erscheinung, alle seine Eigenschaften bleiben erhalten. Das, was man hat, vergeht, das, was man ist – der „Erleber“ der Dinge –, lebt weiter, jenseits von Raum und Zeit. Der Tod ist ebenso wie die Geburt nur Übergang in einen anderen Bewusstseinszustand.*

Eine eher christliche, wenngleich nicht weniger schöne Vorstellung von dem, was *danach* kommt, findet sich in jenen Worten, die Henry Scott Holland, Domherr der Christ Church Cathedral zu Oxford, in seiner Trauerrede anlässlich des Todes von Edward VII., dem Urgroßvater von Königin Elisabeth II., im Jahre 1910 sprach. Dort heißt es:

Der Tod existiert nicht. Er hat keinerlei Bedeutung.
Ich bin gerade nur nach nebenan gegangen.
Nichts ist geschehen. Alles bleibt genau so, wie es war.
Ich bin ich, und ihr seid ihr,
und jenes alte Leben, das wir so liebevoll miteinander teilten,
bleibt unverändert, wie es war.
Was auch immer wir füreinander waren – das sind wir noch.
Ruft mich bei dem Namen, mit dem ihr mich anspracht.
Sprecht über mich mit jener Leichtigkeit,
wie ihr es gewohnt ward.
Senkt eure Stimmlage nicht.
Erfüllt die Luft, die euch umgibt, nicht mit Feierlichkeit
oder Trauer.
Lacht, wie wir stets gemeinsam lachten, über die kleinen Freu-
den, die wir gemeinsam genossen.
Spielt, lächelt, denkt an mich, betet für mich.
Lasst meinen Namen für immer jenes Wort sein,
das es schon immer war.
Sprecht es aus, ohne euch anzustrengen,
ohne dass sich der Geist eines Schattens darauflegt.
Leben bedeutet all das, was es schon immer bedeutete.
Es bleibt stets gleich.
Es gibt nur seinen uneingeschränkten
und ungebrochenen Fortbestand.
Was ist der Tod anderes als ein unerheblicher Zwischenfall?
Weshalb sollte ich nicht mehr da sein, nur weil ihr mich
nicht mehr seht?
Ich warte nur auf euch, für eine kurze Zeit, irgendwo,
ganz in der Nähe.
Es ist gut, so, wie es ist. Es ist kein Schaden entstanden,
nichts ging verloren.
Nur ein kurzer Augenblick, und alles wird sein wie zuvor.
Wie werden wir über den Schmerz der Trennung lachen,
wenn wir uns wiedersehen!

ANREGUNG 20

WAS: *Wir verstehen, dass das Leben nicht unbedingt mit dem Tod endet. Gewiss, es gibt unendlich viele Vorstellungen darüber, was danach geschieht, und die Menschheit wird hier immer weiterforschen, denn schließlich ist dies das Mysterium schlechthin. Bis wir aber endgültige Gewissheit darüber haben, müssen wir mit Annahmen rechnen, wobei die eben geschilderten sich durchaus dafür eignen, die Furcht vor Krankheit, Alter und Tod, jenen drei Zuständen, die alle Menschen durchlaufen werden, zu mildern. Wir kommen demnach in dreierlei Hinsicht überein, egal wer wir sind: Wir werden geboren, wir werden sterben und wir werden wiedergeboren. Bei Letzterem wissen wir nur (noch) nicht, in welcher Form dies geschieht. Aber wir können gewiss sein: Die Metamorphose, die Verwandlung eines Zustandes in einen anderen, begleitet uns von Anfang an und über den Tod hinaus.*

Ich lerne, dass das, was ich über den Tod weiß, Einfluss auf mein Leben hat.

WIE: *Das bewusste Sterben kann man nicht alleine lernen. Man bedarf dazu einer Anleitung, die ich hier nicht nur aus Platzgründen, sondern auch, weil ich nicht dazu befugt bin, nicht geben kann. Ich habe aber oben darüber berichtet, was bei diesem Ritual geschieht. Am besten ist es, Sie machen sich im Internet schlau, wer wann und wo eine Einführung in das Phowa mit anschließender Praxis gibt. Rechnen Sie genügend Zeit ein, wenn Sie sich auf diesen abenteuerlichen Pfad einlassen wollen. Ich habe es getan und kann nur aus der Erfahrung sagen: Es war wohl das tiefste spirituelle Erlebnis, das ich je hatte. Und es hat mich letztlich auch dazu gebracht, mein Leben anders zu gestalten als zuvor.*

XXI

DIE ZEIT UNSERES LEBENS

Nach dem ehemaligen Handyverkäufer Paul Potts war es die arbeitslose Schottin Susan Boyle, die durch die Sendung *Britain's got talent* auf der ganzen Welt berühmt wurde. Ihr erstes Album eroberte sogleich Platz eins der Weltcharts und verkaufte sich in den ersten vier Wochen nach Erscheinen 6,2 Millionen Mal.

Wenn wir von *der Zeit unseres Lebens sprechen,* so erlebt ein jeder von uns mindestens einmal während seines Daseins eine solche. Nur selten wird man dabei berühmt, aber darum geht es auch nicht. Es geht um das Bewusstsein, in diesem Moment das Leben an sich zu spüren, seine Kraft, seine Anwesenheit, seinen Ruf. Meist passiert dies in der Liebe, weshalb man auch gerne von *der Liebe meines Lebens spricht.* Egal, wann sich diese Zeit ereignet, ob als Kind, als Pubertierender, als Erwachsener oder im Alter – es ist immer ein besonderes Erlebnis, das man als dasjenige empfindet, welches das eigene Leben ganz besonders prägte. Manche Menschen haben das Glück, mehrere solcher Erlebnisse zu haben, aber eines, ein einziges hat auf jeden Fall jeder. Oder anders ausgedrückt: Es gibt niemanden, der nicht auf ein solches blicken könnte. Doch warum limitieren wir uns selbst so? Theoretisch könnten wir jeden Tag ein solches Erlebnis haben, in dem wir die intensive Anwesenheit des Lebens spüren.

WAHRNEHMUNG UND WIRKLICHKEIT

Wir nehmen zwar die Welt als farbige wahr, aber – wie die Wissenschaft festgestellt hat – ist dies nur ein minimaler Ausschnitt dessen, was möglich wäre. Die Annahme, dass Hunde nur Schwarz-Weiß sehen würden, ist widerlegt, denn heute weiß man, dass sie durchaus in der Lage sind, Farben zu unterscheiden – sie sind lediglich rot-grün-blind. Die Schildkröte hingegen sieht alles in einen purpurnen Farbton gehüllt – und hält dies für die Wirklichkeit. Wir kommen hier zu Platons Höhlengleichnis. Darin erzählt der griechische Philosoph von Menschen, die in einer Höhle leben, gefesselt sind und mit dem Rücken zum Höhleneingang sitzen. Durch diesen fällt Sonnenlicht in den Raum. Nun werden außen Gegenstände vorbeigetragen, von denen die Menschen in der Höhle nur deren Schatten sehen können. Diesen halten sie – da sie ja nichts anderes kennen – für die Wirklichkeit. Und uns geht es nicht anders.

In den 70er-Jahren haben, wie im vorherigen Kapitel schon erwähnt, die Experimente mit bewusstseinserweiternden Drogen gezeigt, dass es offenbar noch ganz andere Dimensionen gibt, die man erfahren könnte – wenn es nicht so gefährlich wäre. In der Meditation gelingt dies, ohne die Gesundheit zu gefährden, es dauert nur länger. Zur selben Überlegung gehört die Erkenntnis der Kosmologie, dass wir nicht in einem Universum leben, sondern vermutlich in einem Multiversum, das viele Universen beherbergt.

Wie gelingt es uns nun, unseren beschränkten Horizont zu erweitern? Wie können wir dahin kommen, zu erkennen, dass die äußere Welt eine Entsprechung in unserem Inneren hat und mit diesem in unablässiger Kommunikation steht (– vorausgesetzt wir lassen dies zu)? Wie können wir es schaffen, die Fesseln, die wir uns selbst angelegt haben, abzustreifen? Wie können wir all die Dimensionen entdecken, die wir noch nicht kennengelernt haben? Niemand sagt, dass es angenehm sei, sich auf diese Entdeckungsfahrt zu begeben, aber gewiss kehren wir bereichert von ihr zurück. Was brauchen wir dafür? Die Ethnologin Christina Kessler würde wohl auf diese

Frage antworten: *Ein wildes Herz.* Wenn wir das in uns entdecken, können wir denken, was noch nie vor uns einer dachte, können wir zu einem Leben gelangen, das jenseits der Zwänge und Einschränkungen ist, denen wir uns tagtäglich unterwerfen, ohne zu wissen, weshalb und wofür. Wir sind derart domestiziert, dass es uns anscheinend sogar Spaß macht, unser so kostbares Leben für Unsinn herzugeben: Nicht wenige Menschen opfern ihre Gesundheit, also die Basis unseres Daseins, um Geld zu verdienen, das sie dann ausgeben müssen, um ihre Gesundheit wiederzuerlangen – ein Unsinn, der übrigens nicht neu ist, sondern als Gedanke schon um das Jahr 1750 bei Voltaire auftaucht (so viel zum Thema *Früher war alles besser…*).

Es gibt jedoch auch viele Beispiele für Menschen, die *etwas aus ihrem Leben gemacht haben* und die *Zeit ihres Lebens* täglich neu kennenlernen. Es sind die Abenteurer des Geistes, die sich auf

eine Welt eingelassen haben, die ihnen zuvor fremd war, die sie aber auch selbst mitgeschaffen haben – ob als zivilisationsmüder Aussteiger oder als Vorstandsvorsitzender eines börsennotierten Unternehmens. Allen ist gleich, dass sie der *Zauber der Vergänglichkeit* dazu veranlasste, eine Entscheidung zu fällen, die ihr Leben – und damit zwangsweise auch das anderer – veränderte, im positiven Falle: hin zum Guten. Ein heiteres Beispiel hierfür ist Frank McNamara, ein Geschäftsmann aus New York, der 1949 einige Freunde zum Essen in ein Restaurant nach Manhattan einlud. Als er zahlen wollte, musste er feststellen, dass er seine Brieftasche vergessen hatte. Also bat er den Wirt um Zahlungsaufschub und händigte ihm seine Visitenkarte aus, die er auf der Rückseite unterschrieb. Zu Hause angekommen, dachte er, dass er gewiss nicht der Einzige sei, dem solches passieren könnte. Und so machte er sich sogleich daran, andere Restaurants für die Idee des bargeldlosen Bezahlens von Lunch oder Dinner zu begeistern. Daher auch der Name *Diners Club*, der ersten Kreditkarte der Welt. Ohne die Vergesslichkeit des Herrn McNamara wäre damals vielleicht keine solche Karte entwickelt worden und sähe unser Dasein heute anders aus. Ob die Geschichte wirklich wahr ist, lässt sich freilich nicht mit allerletzter Sicherheit sagen, aber das spielt für unser Thema auch gar keine Rolle. Hier sollte ja nur aufgezeigt werden, was letztlich alles möglich ist – auch aus einer Fehlhandlung heraus.

Das Leben, das wir führen, wird von unseren Ängsten bestimmt, die wir im Laufe der Zeit als Überlebensstrategie erworben haben. Wir benehmen uns so, dass wir als nützliches Mitglied der Gesellschaft unser Aus- und Einkommen haben. Dafür verzichten die meisten auf die wirklichen Abenteuer des Lebens, was sie durch Besuche im Swingerklub oder abenteuerliche Freizeitgestaltung mit Adrenalinkicks wie Bungee-Springen zu kompensieren suchen, da sie meinen, nun eine neue Dimension ihres Daseins entdeckt zu haben. Doch was nützt es, wenn die bürgerlichen Fallen alsbald wieder über ihnen zuschnappen?

Was ist mit dem *wirklichen Abenteuer* des Lebens gemeint? Es gäbe hier viele Antworten, doch ich möchte stellvertretend nur eine einzige nennen, die wir am Ende des nächsten Kapitels kennenlernen werden – die Gnade des Verzeihens.

ANREGUNG 21

WAS: *Es gibt eine Welt, die uns nicht verschlossen ist. Wir müssen es nur wagen, die Türe zu ihr zu öffnen. Wo aber finden wir diesen Zugang? In uns – doch nur dann, wenn wir uns dem Leben hingeben, ohne Vorurteile, ohne Zwang, ohne Einschränkungen, ohne Angst. Es geht nicht um große Entdeckungen, sondern eher um das Unscheinbare, nicht Gefällige, das wir zu sehen lernen, wenn wir uns auf dieses Abenteuer einlassen. Es ist ein Weg jenseits dessen, den die Masse beschritten hat. Er ist individuell – und das heißt un-teilbar. Wer unteilbar ist, der ist in seiner Mitte angelangt. Nur von dort aus kann er das, was er erfahren hat, anderen mit-teilen, auf dass diese von ihm lernen.*

Ich will mich ohne Angst den Wundern des Lebens und des Todes öffnen.

WIE: *Notieren Sie auf einem Blatt Papier all die Ereignisse, die für Sie in Ihrem bisherigen Leben besonders wichtig waren. Damit Sie nicht durcheinanderkommen, gehen Sie dabei am besten chronologisch vor und beginnen mit dem Jahr Ihrer Geburt. Sie erhalten auf diese Weise eine Art Lebensregister. Schreiben Sie hinter jede Begebenheit ein Minus- oder ein Pluszeichen, je nachdem, ob Sie meinen, dass das Geschehen positiv oder negativ für Sie war. Überlegen Sie, was Ihr Anteil an der Entwicklung dieser Erfahrungen war. Vermerken Sie dazu, was Sie heute anders machen würden, sollte dies nötig sein.*
Versehen Sie das Geschriebene mit der aktuellen Jahreszahl und wiederholen und ergänzen Sie diesen Vorgang alle zwölf Monate. Stellen Sie fest, ob sich die Minus- und Pluszeichen verändern.

XXII

DIE LETZTEN DINGE ORDNEN

Hat es angesichts der Endlichkeit alles Seienden einen Sinn, sich mit anderen zu streiten? Ist es eingedenk der Vergänglichkeit nützlich, sich Sorgen zu machen? Könnten wir – im Bewusstsein der Tatsache, dass wir sterben müssen – nicht generell anders leben, als wir es gegenwärtig tun? Sind die Ziele, die wir uns in unserem Dasein setzen, wirklich erstrebenswert?

Ein Freund sagte kürzlich zu mir, er bewundere die Art und Weise meiner Lebensführung, aber er sehe auch, dass ich es nicht weiter als bis hierher gebracht hätte. Ich fragte ihn, was er damit meinte. Hatte er meinen Kontostand im Sinn, mein gesellschaftliches Ansehen, mein familiäres oder berufliches Umfeld? Und woran er seine Aussage messen würde? Am eigenen *Standing*? Er wusste keine

Antwort darauf, doch mir wurde in diesem Augenblick klar, dass nicht wenige von uns imaginären Zielen hinterherhecheln, von denen sie meinen, es lohne sich, sie zu erreichen. Meist handelt es sich natürlich um pekuniäre Vorstellungen, denn die Angst, sich und die Seinen nicht mehr versorgen zu können, steckt in uns allen; deshalb möchte ich auch die Angst als Triebfeder Nummer eins bezeichnen. Wir verdienen Geld primär aus der (unbewussten) Angst heraus, nichts zu essen zu haben. Wir essen aus der (unbewussten) Angst heraus, verhungern zu müssen. Wir lieben und pflanzen uns aus der (unbewussten) Angst heraus fort, auszusterben. Ich möchte den Menschen gewiss nicht auf seine Biologie beschränken und sein Handeln auf biochemische Abläufe reduzieren, aber letztlich sind sie die Grundlagen unseres Tuns. Und aus der Angst entsteht dann die Sehnsucht, die Verhältnisse zu unseren Gunsten zu ändern.

Die Frage, ob man es im Leben zu etwas bringt, impliziert meist die Frage, ob man genügend Geld hat, sich einen Lebensstil zu leisten, der weit über dem des Durchschnitts liegt. Die Verlockungen der Moderne sind schließlich groß genug. Wir können in der heutigen Welt anders als noch unsere Eltern und Großeltern ohne langes Sparen in ein Flugzeug steigen und einen anderen Kontinent in wenigen Stunden erreichen. Wir vermögen teure Autos zu fahren, ohne dass wir dafür unser ganzes Hab und Gut eintauschen müssten, weil wir sie uns für einen gewissen Zeitraum leasen oder mieten können. Wer aber fragt danach, ob es die Krankenschwester zu etwas gebracht hat? Die Kindergärtnerin, der Lehrer? Der Polizist, der Feuerwehrmann, der Sanitäter? Der Ingenieur, der Arzt, der Arbeiter, die freiwillig in unterentwickelte Länder oder Krisengebiete gehen, um dort zu helfen, wo sich niemand (mehr) helfen kann? Wer dankt ihnen für das, was sie tun? Sind nicht sie es, die es wirklich zu etwas gebracht haben, indem sie uns und aller Welt zeigen, dass *Menschlichkeit* wirklich existiert? Übrigens: Wer hat je darüber nachgedacht, dass all die Straßen der Welt, auf denen wir täglich unterwegs sind, von Menschen gebaut wurden? Wir nehmen sie einfach so hin, sie sind eben da, aber hat je einer denen gedankt, die dafür sorgten, dass wir problemlos von A nach B gelangen können? Dies gilt übrigens für alle anderen *unbeachteten* Berufe in selber Weise; für die Menschen, die bei der Müllabfuhr arbeiten und

noch nicht einmal Weihnachtsgeschenke annehmen dürfen, wie für die, die für die Instandhaltung der Kanalisation sorgen; letztlich gilt es für alle, die unerkannt durch das Leben gehen, Kinder zeugen, Sorgen und Schulden haben und wegen ihrer staatlichen Rentenversicherung darauf hoffen müssen, dass der Staat dann, wenn sie in den Ruhestand gehen, nicht pleite ist.
In der U-Bahn wurde ich einmal Zeuge eines Gesprächs zwischen einem Fahrer, der Dienstschluss hatte, und einem Bekannten, den er zufällig im Waggon traf. Der U-Bahn-Lenker beklagte sich darüber, dass er im Winter wegen der Dunkelheit seinen Dienst in künstlichem Licht begänne und in künstlichem Licht beende. Und seine Arbeitszeit verbrächte er ebenfalls ausschließlich in Dunkelheit mit künstlichem Licht. Tag für Tag. Haben wir je darüber nachgedacht, was ein U-Bahn-Lenker leistet? Einen Flugzeugpiloten hingegen bewundern wir meist …

Ich bin der Ansicht, dass wir alle es zu *etwas* bringen können, wenn wir aufhören, den falschen Götzen zu dienen. Die Finanzkrise der letzten Jahre war ein Warnschuss. Sie hat gezeigt, dass der uralte Mythos der endlosen Vermögensmehrung, die ohne Anstrengung erreicht wird, nicht existiert bzw. dass dies nur auf Kosten anderer funktioniert. Gewiss ist Geld eine feine Sache, aber nicht umsonst bestehen, wie schon zu Beginn dieses Buches erwähnt, die Wörter *Geldschein* und *Scheingeld* aus denselben Einzelbegriffen. Wenn das Wissen um unsere Vergänglichkeit fest in unserem Alltagsbewusstsein verankert wäre, würden wir mit Sicherheit anders mit Geld umgehen, als wir es gewohnt sind. Wir würden andere Prioritäten setzen und vermutlich ganz neutestamentlich den anderen als unseren Bruder erkennen, dem wir helfen müssen – was natürlich auch umgekehrt gilt.

WENN DAS ENDE NAHE IST

Wüssten wir, dass wir morgen sterben müssten, wie würden wir uns dann verhalten? Würden wir noch schnell eine Bank ausrauben und es krachen lassen? Oder würden wir alles, was uns begegnet, liebevoll und achtsam wahrnehmen, weil uns klar ist, dass wir es morgen nicht mehr sehen werden? Wie würden wir mit denen umgehen, die wir als unsere Nächsten bezeichnen? Wie mit denen, die wir als unsere Feinde ansehen? Würden wir versuchen, alles, was zwischen uns steht, zu klären? Ich bin sicher, dass wir angesichts eines möglichen nahen Endes zu dem werden würden, der wir wirklich sind. Wir würden uns unserem wahren Charakter gemäß verhalten und andere erkennen lassen, was wir wirklich meinen und wollen. Ob das etwas Gutes ist oder nicht, müssen die, denen wir so entblößt entgegentreten, entscheiden.

Eine Freundin, die das Manuskript zu diesem Buch las, meinte nach der Lektüre, dass es sich dabei um meine exzentrischen Luxusprobleme handle. Ich hielt dagegen: Wer meint, sich nicht mit der Vergänglichkeit beschäftigen zu müssen, weil er sich mit den „konkreten Dingen des Alltags" herumzuschlagen hat (wie z. B. Erziehung der Kinder, Elternabende, Mobbing in der Firma etc. etc.), verkennt, dass all dies, was wir *Menschenleben* nennen, völlig anders aussehen würde, wenn wir es unter dem Zeichen der Restlaufzeit betrachten könnten. Wie anders würden wir uns verhalten, ja, wie anders sähe die Welt dann aus? Ich wage zu behaupten: besser.

Vor einigen Jahren las ich einmal, dass viele Selbstmörder vor ihrer Tat ihr Zimmer, ihr Haus, ihren Arbeitsplatz besonders penibel aufräumen. Das passt zu den Artikeln von Beerdigungsinstituten, die wir in den Tageszeitungen meist zu Allerheiligen finden und die mit Sätzen wie *Die letzten Dinge ordnen* überschrieben sind. Offenbar gibt es im Menschen einen Drang, vor dem Sterben nichts ungeordnet zu hinterlassen. Weshalb? Es könnte einem ja eigentlich egal sein. Macht man dies aus Rücksicht auf die Angehörigen? Oder weil man eventuell doch auf eine Wiedergeburt hofft? Ist dies ein kulturell ererbtes Verhalten oder eines, das unserem Innersten entspringt? Wollen wir in einer unordentlichen Welt etwas hinterlassen, das zumindest ein wenig geordnet ist? Möchten wir, dass sich andere an uns in positiver Weise erinnern?

Die meisten werden sich Letzteres vermutlich wünschen, aber einigen sehr einflussreichen Personen scheint das leider völlig unwichtig zu sein. Ich frage mich nämlich, ob die schlimmsten Feldherren und Kriegstreiber der Geschichte meinten, dass sie durch ihre blutigen Taten einst positiv im kollektiven Gedächtnis bleiben würden. Oder dachten sie gar nicht so weit? War es ihnen schlichtweg egal und suchten sie einfach nur den Erfolg, dieses *Es-zu-etwas-im-Leben-bringen*? Weshalb werden Alexander der Große, Cäsar oder Napoleon heute noch wie Helden verehrt, obwohl sie doch mit ihren Taten für den Tod von Hunderttausenden verantwortlich waren und zahllose Witwen und Waisen hinterließen? Sonderbare Welt! Erfolg ist immer mit einer Geschichte des Sieges verbunden – wer nicht erfolgreich ist, hat offenbar in der menschlichen Gemeinschaft nichts verloren, denn er hat *verloren*.

Im Jahr 1996 drehte ich für den Sender arte den Film *Im Schatten der Finsternis – Bilder vom Bösen.* Die leider bereits verstorbene französische Schriftstellerin Christiane Singer erzählte darin folgende Geschichte:
Ein alter Rabbi, der als Kind mit seinen Eltern vor den Nazis nach New York geflohen war, hielt in seiner österreichischen Heimat einen Vortrag. Eine Zuhörerin fragte ihn, warum er 50 Jahre gewartet habe, um nach Wien zurückzukommen. „Sehen Sie", sagte er, „ich bin alt und bereit, in die ewige Gerechtigkeit einzugehen; und ich habe mich gefragt: Was bleibt auf dieser Welt vom Leid des Rabbi Schachter, der ich ja auch bin? Ich habe mich an meine Kindheit erinnert – als ich zwölf war und auf einer Brücke dieser Stadt von jugendlichen Nazis gesteinigt wurde und in meinem Blut fast tot liegen gelassen wurde.
Dieses Kind, das ich war, lebt ja irgendwo – sicherlich auf jener Brücke – und es wartet auf mich. Ich muss ihm die Neuigkeit bringen, dass ich und somit auch das Kind uns aus dieser Welt entfernen werden. Und: dass nun alles verziehen werden soll.

Also bin ich am nächsten Morgen zu der Brücke gegangen. Wie ich vermutet habe, habe ich das Kind dort gesehen. Und ich habe mit meiner Hand über seinen Kopf gestrichen und gesagt: ‚Alles ist verziehen, komm mit mir.' Und so kann ich sagen, dass es auf dieser Welt einen Ort gibt, den ich von meiner Not reingewaschen habe, ein Ort, an dem das Licht durchscheinen wird."

Bevor er nicht das, was ihm als Kind widerfuhr, verziehen, wieder gut, heil gemacht hatte, konnte Rabbi Schachter das irdische Dasein nicht verlassen. Er hatte sogar die Größe, denen, die ihn beinahe umgebracht hätten, zu verzeihen. Dies erinnert an das Wort Jesu am Kreuz: *Vater, vergib ihnen, denn sie wissen nicht, was sie tun.* Wissen wir denn, was wir tun? Verletzen, töten wir nicht ständig, ohne es zu wollen? Ist es unser Egoismus, der uns dazu verleitet? Wenn ja, weshalb können wir dies nicht abstellen? Liegt es vielleicht daran, dass wir immer noch wie Tiere sind, die, um zu überleben, um ihren Vorteil kämpfen müssen? Gewiss ist diese biologische Erklärung reizvoll, aber haben wir nicht unseren Geist entwickelt, um das Animalische in uns abzulegen? Doch genauso, wie wir noch unser Körperhaar als Restfell haben, besitzen wir offenbar noch Eigenschaften von damals, als man seine Lebenszeit nicht für Geld verkaufte, um damit Nahrung und häuslichen Schutz zu erwerben, wie wir es heute tun. Gerade deshalb aber müssen wir daran arbeiten, bevor wir in die ewige Gerechtigkeit eingehen, dem Bösen das Gute entgegenzusetzen, damit die Dinge geordnet sind, das heißt, dass die Balance hergestellt und der Schatten besiegt ist. Denn das Leben ist weder gut noch schlecht, auch nicht richtig oder falsch – es folgt einfach nur seinem eigenen Gesetz: dem der Polarität. Und dem der Gnade. In der Zeitung fand ich vor einiger Zeit eine Todesanzeige. Sie war überschrieben mit: GRATIA VIVO; GRATIA AGO; GRATIA MORTUO. AUS GNADE LEBE, HANDLE, STERBE ICH.

ANREGUNG 22

WAS: *Es wird eines Tages für jeden von uns die letzten Dinge geben. Ist es darum nicht wichtig, uns heute schon darauf vorzubereiten, indem wir das Böse lassen und das Gute tun? Nach der Lehre aller Religionen haben unsere bösen Handlungen eine direkte Wirkung auf unser Dasein nach dem Tod, auch wenn das niemand beweisen kann. Natürlich ist es möglich, dass man uns schreckliche Strafen in der Hölle oder Begegnungen mit Dämonen bei den verschiedenen Wiedergeburten in Aussicht stellte, in dem Versuch, uns vom Bösen abzuhalten und uns dazu zu bringen, uns gesellschaftskonform zu verhalten. Aber ist das allein der Grund dafür, dass sich die meisten nicht für das Böse entscheiden? Ahnen wir nicht vielmehr, dass unsere Taten auch nach unserem Tod weiterwirken?*

Ich werde für alles, was sich ereignet, dankbar sein. „Wunder" geschehen jeden Tag.

WIE: *Verzeihen Sie allen, die Ihnen etwas angetan haben, das nicht gut für Sie war. Erkennen Sie, dass die Täter bis zu einem gewissen Grad auch Opfer sind. Notieren Sie die Namen der betreffenden Personen, denen Sie verzeihen möchten. Schreiben Sie den damaligen Anlass des Zerwürfnisses auf und überlegen Sie, wohin Sie gekommen wären, wenn das, was geschehen ist, nicht passiert wäre.*
Was war gut daran, dass Ihr Leben nun diese Richtung eingeschlagen hat?
Wo hatten Sie es schwerer, weil es so gekommen ist?
Was wollen Sie wirklich?
Möchten Sie sich, bevor es zu spät ist, mit denen, die Ihnen Unrecht getan haben (oder denen Sie Unrecht getan haben), zusammensetzen und mit Ihnen über das Geschehene sprechen?
Gehen Sie auf den Betreffenden oder die Personen zu.
Sie werden anschließend ein glücklicherer Mensch sein.
Sie werden anschließend dem Geheimnis von Leben und Tod um einiges näher sein.
Sie haben den Mut zum Leben bewiesen.

XXIII

DER MUT ZUM LEBEN

Die vorhin erwähnte Schriftstellerin Christiane Singer sagte in einem andern Film, den ich für arte drehte *(Der Erbe des Lebens – Bilder vom Tod)*, etwas, das mich sehr zum Nachdenken brachte: *Das Schlimmste am Tod ist das ungelebte Leben. Wenn ich im Leben nicht alles zum Blühen bringe, dann tut der Tod sehr weh. Eine alte Geschichte erzählt vom Sterben des Rabbi Hillel. Er liegt – von seinen Schülern umringt – auf dem Totenbett und hat das sechste Tor nach drüben schon durchschritten. Doch da kehrt er zurück und sagt: „Freunde, ihr ahnt es nicht! Dort drüben fragte man mich nicht: ‚Warum bist du nicht wie Moses gewesen?' sondern: ‚Warum warst du nicht ein noch besserer Rabbi Hillel?'" Wenn wir das zum Blühen bringen, was wir sind, dieses Einmalige, dann entsteht eine ganz andere Beziehung zum Tod. Aber wir nehmen diese Chance nicht genug wahr. Was sind wir denn anderes als diese Chance, die das Leben in uns gesetzt hat? Eine Gelegenheit mehr zu jubeln auf dieser Erde.*

Leben wir unser Leben wirklich? Stopfen wir es nicht vielmehr mit allem Möglichen voll, das letztlich nichts mit ihm zu tun hat? Haben wir je darüber nachgedacht, welches Geschenk uns da gemacht wurde – auch wenn es sich, zumindest im Hier und Jetzt, in einem Rahmen abspielt, der von Raum und Zeit begrenzt ist? In der modernen Welt ist der Tod steril, hygienisch geworden. Man stirbt in einer Klinik mit unzähligen Betten, einsam – und als Teil einer Intensiv-Maschinerie, mitleidlos von einer anonymen Elektronik beobachtet, gemessen, registriert. Kein Platz für persönliche Zuwendung, ja liebevolle Anteilnahme. Glücklich der Sterbende, der zu Hause oder im Hospiz, im Beisein seiner Familie dem Tod begegnen darf. Aber wer heute stirbt, wird ausgegrenzt. Sterbende stören, der Tod ist tabu. *Fit for fun* heißt die Losung des modernen Lebens. Dadurch aber werden Leben *und* Tod in ihren Möglichkeiten beschnitten. Hat unser Lebenstanz nicht seinen Urgrund in der Angst vor dem Tod? Ist die Todesangst nicht das eigentlich Bewegende des Lebens? Wir wollen offenbar weder richtig leben noch wirklich sterben. Was wollen wir lebend Todgeweihten?

Der *Tod an sich* und das *Leben an sich* stellen das gemeinsame Schicksal aller Menschen in allen Religionen dar. Der Tod ist notwendiger Bestandteil des Lebens und Ausdruck des einen Seins in der Einheit von Leben und Tod. Im Tod offenbart sich das Sein, im Tod kommt der Mensch zu sich selbst, zu seiner letzten Erfüllung, zur absoluten Verwirklichung. Ohne Tod kann der Mensch kein Mensch sein. Gerade deshalb ist ungelebtes Leben so schmerzhaft. Es hat seine Möglichkeiten nicht gefunden.

DER MUT ZU LEBEN

„Habe den Mut zu leben, sterben kann jeder", heißt es in dem schönen Werk „Das geheime Buch" der Frida Kahlo. Was bedeutet das? Im Idealfall heißt dies, den perfekten Augenblick, den Flow, zu erkennen und in ihm seine Handlungen zu vollziehen. In diesem Hier wird dann gleichzeitig das Jetzt ersichtlich. Und Hier und Jetzt verschmelzen in mir zu einer unauflöslichen Einheit. Raum und Zeit haben sich in mir (wieder-) gefunden, so, wie sie einst schon einmal in sich verschmolzen waren – als ich mich noch im Mutterleib befand. Lebe ich indes mein Leben als nicht erfülltes, weil ich den Dingen anhafte, weil ich Begierden und Zorn über die Befreiung des Geistes und die Freiheit des Denkens stelle, verschwindet der Flow wie Wasser beim Erhitzen. Und ich bin wieder in die kalte Realität gestellt, von der ich annehme, es sei die Wirklichkeit.

Mut zu leben heißt, alles anzunehmen, was mir begegnet. Heißt, das Wunder des Daseins auf mich wirken zu lassen und gleichzeitig an ihm mitzuwirken. Denn dieses Wunder ist nichts Statisches, sondern etwas, für das wir selbst verantwortlich sind. Wir sind es, die es hervorgebracht haben, wir sind es, die dafür Sorge tragen müssen, dass es bleibt, und wir sind es, die es wieder vernichten können. Die Vergänglichkeit zwingt uns zu einer Entscheidung. Was wollen wir? Wie werden wir morgen leben? Werden wir das, was ist, zerstören oder werden wir es mit einer ungeahnten Fülle an neuen Möglichkeiten ausstatten? Werden wir es in den Fluss des Vergessens streuen oder werden wir es der Zukunft anvertrauen, die wir selbst so gestalten, dass sie eine bessere Gegenwart ist? Wir allein haben es in der Hand, im Herzen, im Hirn. Wir wissen, dass jeder Augenblick ein Geschenk ist, doch wissen wir dieses Geschenk auch wirklich zu schätzen?

ANREGUNG 23

WAS: *Der Tod ist die letzte Erfüllung. Wir erkennen dies zwar fast nie an, sondern sprechen vom „unausweichlichen Ende". Doch wir können unsere eigene Begrenztheit überwinden, indem wir dem rechten Augenblick und unserer uns innewohnenden Fähigkeit zur Schöpferkraft vertrauen. Wir haben uns zwar nicht selbst erschaffen, aber wir können dafür sogen, unser Leben so zu gestalten, dass es seine größtmögliche Erfüllung findet. Unser Wissen von der Tatsache, dass alles endet, hilft uns dabei. Denn wir entscheiden tagtäglich, in welche Richtung wir gehen wollen – vorwärts, rückwärts – oder ob wir auf der Stelle stehen bleiben möchten. Nicht „die anderen" sind schuld, sondern wir ganz alleine sind verantwortlich für alles, was geschieht, ob es eine Hungersnot ist oder die Bedrohung durch den Klimawandel oder die mögliche Auslöschung allen Lebens durch einen Atomkrieg. Der Dichter Hans Kruppa schrieb dazu einen Aphorismus: „Atombombe – Intelligenz hat sie erfunden. Weisheit hätte sie verhindert." Was hemmt uns, von nun an nur noch unsere Weisheit zu gebrauchen – gerade weil wir wissen, dass nichts ewig ist, außer – ja genau – der Weisheit.*

Der Mut, das Leben zu wagen, wohnt in mir. Er ist stärker als alles, was ihn bedroht.

WIE: *Gehen Sie in einer Klinik auf die Geburtsstation und fragen Sie, ob Sie den Kreißsaal sehen dürfen. Sprechen Sie, wenn es geht, mit den Müttern oder Hebammen über das Thema Leben.*

Suchen Sie noch am selben Tag ein Altersheim oder ein Sterbehospiz auf. Sprechen Sie, wenn es geht, mit den Menschen dort über das Thema Tod.

Gehen Sie danach in ein Tierheim und schenken Sie wenn möglich einem Tier bei sich ein neues Zuhause.

XXIV

WORUM ES IM LEBEN GEHT (TEIL 2)

Vor einiger Zeit stand ich in einem Zeitschriftenladen. Da fiel mein Blick auf einen Postkartenständer und meine Augen nahmen im Vorübergehen einen Satz auf, der mich offenbar so beeindruckte, dass ich mich umdrehte, um die Worte genauer zu lesen. *Die Summe unseres Lebens sind die Stunden, in denen wir liebten.* Darunter stand der Name des Autors: Wilhelm Busch. Ich begann nachzudenken: Lässt sich die Summe eines Lebens auf diese Stunden reduzieren? Oder will uns der Dichter und Humorist damit sagen, dass wir mehr aus unserem Leben machen könnten, wenn wir mehr liebten? Diese Erklärung erschien mir, dem unverbesserlichen Romantiker, einleuchtend. Ich konnte sie nachvollziehen. Denn wozu all der Aufwand in unserem Leben, zu Geld, Ruhm, Ansehen und wertvollen Dingen zu gelangen, wenn all dies irgendwann vergeht? Wer denkt heute noch an die „Helden" vergangener Zeiten? Wie viele, die zu *ihrer Zeit* bekannt, berühmt, gefürchtet oder was auch immer waren, kennen wir heute noch? Also konnte es das nicht sein. Bleibt demnach nur die Liebe, und offenbar hat der Apostel Paulus recht, wenn er in seinem 1. Brief an die Korinther schreibt: *So aber bleibt Glaube, Liebe, Hoffnung. Doch die Liebe ist die größte unter ihnen.* Und auch Albert Schweitzer, von dem der Satz überliefert ist: *Das einzig Wichtige im Leben sind die Spuren von Liebe, die wir hinterlassen, wenn wir weggehen.*

Was macht die Liebe so faszinierend? Das *Gefühl,* welches sie denen, die sie kennenlernen, schenkt? Ist es nicht ohnedies sonderbar, dass zwei Menschen gleichzeitig diesen Zustand erleben können? Natürlich sagt die Naturwissenschaft, dass Liebe nichts anderes sei als ein biochemischer Prozess, bei dem die Zellen in Millisekunden feststellen, ob das Gegenüber zur Fortpflanzung tauglich sei. Aber es verlieben sich auch ältere Menschen, die bereits jenseits des Fortpflanzungstriebs stehen, sodass sich nicht alles auf diese ziemlich unromantische Vorstellung reduzieren lässt. Dennoch hat sie durchaus ihre Berechtigung und auch ihren tieferen Sinn. Denn wenn die Liebe und die mit ihr verbundenen schönen Gefühle einschließlich derer, die wir beim Akt empfinden, ein Trick des Lebens sein sollten, um sich selbst zu erhalten, dann sollte man diesen durchaus respektieren. Natürlich ist der Mensch die einzige Spezies, die es sich verordnen könnte, durch Nicht-Fortpflanzung aussterben zu wollen, und – zumindest theoretisch – könnte dies auch gelingen; aber in der Praxis ist das Leben stärker, will es sich ganz offenkundig selbst erfüllen. Interessant ist in diesem Zusammenhang das lateinische Wort für Liebe *amor.* Es scheint hier einen paraetymologischen Zusammenhang mit dem lateinischen Wort für Tod, *mors,* zu geben. Das a zu Beginn des Wortes deutet auf die Verneinung hin. Amor meint also Nicht-Tod. Mit anderen Worten: *Wer liebt, stirbt nicht.*

Ein ebenfalls lateinischer Satz besagt *amor vincit omnia (die Liebe besiegt alles)* – also auch den Tod. Seit jeher macht sich der Mensch darüber Gedanken, ob dem so ist – daher auch die Erinnerungskultur von Pyramiden bis zu Friedhöfen. Wenn auf einem Grabstein z. B. *Bis wir uns wiedersehen* steht, dann ist damit genau das gemeint: Der Tod beendet die Liebe zwischen Menschen nicht. Sie ist es, die uns eigentlich adelt, und ohne Liebe gäbe es nicht das, was

wir Kultur nennen. Seit jeher handelt alles, was sich als kulturelle Errungenschaften der Menschheit hervorgetan hat, in erster Linie von der Liebe. Diese ist meist unausgesprochen mit dem Thema *Sexualität* verknüpft, sodass diese beiden Bereiche sich nicht eindeutig trennen lassen. Als einziger Widersacher tritt nur der Tod auf, weshalb die Psychoanalyse im Menschen zwei Haupttriebe ausmachte, deren Namen der griechischen Mythologie entlehnt sind: *Eros* und *Thanatos*. In der Geschichte mit den Dessous, die ich im ersten Kapitel erzählte, spielen sie die Hauptrolle.
Eros ist der *Lebenstrieb*, der alles durchströmt. Beim Thanatos (vom griechischen Wort für *Tod*) wird es schon schwieriger. Er ist nicht nur der Gegenspieler des Eros, sondern auch Bestandteil dessen selbst. Anders gesagt: In jeder Liebe, in jeder sexuellen Vereinigung, ist das Ende derselben schon angelegt, weshalb wir übrigens stets nach Wiederholung streben – solange wir *leben*.

Für unser Thema aber ist es wichtig, festzuhalten: Angesichts der Vergänglichkeit gibt es nichts, was sinnvoller oder schöner wäre als die Liebe. Selbst wenn wir nicht lieben, sehnen wir uns nach ihr. Da wir unsere Libido permanent unterdrücken, schaffen wir durch die sogenannte *Sublimation* das, was wir später als *Kultur* bezeichnen. Eine Kultur, in der wir uns wohlfühlen und in der wir uns dann wieder dem Thema *Liebe* in all seinen Facetten widmen (auch hier wissen die Römer Bescheid, wenn sie sagen *Nil pluriformius amore – Nichts ist vielgestaltiger als die Liebe*).
Was wäre übrigens, wenn wir uns nicht der Liebe widmen würden? Würde es uns nicht sehr schnell langweilig werden? Sind wir nicht gewissermaßen ein Opfer des Lebensgesetzes der Polarität? Wir können uns ihm nicht entziehen, selbst wenn wir Vertreter des gleichen Geschlechts lieben, denn auch hier gibt es den eher männlichen und den eher weiblichen Teil.

Was die Chinesen mit *Yin* und *Yang* bezeichnen, ist das Prinzip des Daseins und der Welt schlechthin. Nichts existiert ohne sein Gegenteil. Und weil dem so ist, sind wir ständig auf der Suche nach dem, was zu uns passt; hier gelten freilich zwei Sprichwörter, die beide gleichermaßen stimmen: *Gegensätze ziehen sich an* (und gelegentlich auch aus!) sowie *Gleich und gleich gesellt sich gern*.

DIE LIEBE IN DER SPANNUNG VON ENDLICHKEIT UND UNENDLICHKEIT

Jede Liebe – egal ob es sich um die erotische Liebe, um eine klassische Liebesbeziehung oder um Nächstenliebe ganz allgemein handelt – unterliegt aufgrund ihrer Zeitlichkeit und ihres Anspruchs auf Ewigkeit der Spannung zwischen Endlichkeit und Unendlichkeit. Aus der Sehnsucht und dem Unendlichkeitsbedürfnis des Liebesdranges heraus werden die Liebenden in die Endlichkeit und Härte der Wirklichkeit gedrängt. Die Agierenden sind aufgrund ihrer Sterblichkeit der Vergänglichkeit allen Seins unterworfen – das, womit sie umgehen aber, die Liebe, ist per se unendlich; denn was wäre eine Liebe, die dieses Gesetz nicht erfüllen würde? Liebe ist also stets mit Abschied verbunden, ebenso wie der Tod dem Leben innewohnt. Aber: Wir sind in der Lage, den Abschied, das Ab-Scheiden zu überwinden, indem wir uns dieser Tatsache bewusst sind. So sind wir auch fähig, einen höheren Sinn zu erkennen, den wir erfüllen, und können über uns selbst hinauswachsen, mehr sein, als wir von uns ahnen. Zudem können wir die in uns schlummernden mythologischen Fallen überwinden: Da wäre zunächst der Mythos vom Mann, dessen Willen sich im Besitzdenken auf die Endlichkeit erstreckt und der deshalb die Ewigkeit nicht erreichen kann; und da wäre der Mythos von der Frau, die kraft ihrer unendlichen Hingabe zum Vorbild des Mannes werden könnte, wenn sie sich dafür entschiede, dem Mann die Unendlichkeit der Liebe vorzuleben. Liebende, denen dies gelingt, lernen, in der Endlichkeit, innerhalb der Zeit also, die Unendlichkeit wahrzunehmen. Ihre Liebe erfüllt nicht, wie das Geschlecht, einen zeitlichen Zweck, sondern ist „wofürlos", „warumlos"; das heißt, es gibt eine Liebe, die einfach ist, ohne an Bedingungen geknüpft zu sein. Wer in dieser Weise das „Umsonst" liebt, wer die sich verschenkende Liebe als reife Frucht aus sich heraus zu leben gelernt hat, wer erkannt hat, wie die Endlichkeit des Daseins durch diese Fruchtbarkeit überwunden werden kann, der wird zum Liebenden an der Unendlichkeit, indem seine Liebe nicht mehr in sich selbst gefangen ist, sondern sich auf die Ewigkeit richtet. Bei Rainer Maria Rilke heißt dies: „Geliebtsein heißt aufbrennen. Lieben ist Leuchten mit unerschöpflichem Öle. Geliebtsein ist Vergehen, Lieben ist Dauern."
Lieben ist Dauern. Dauern über die Endlichkeit hinweg, in die Unendlichkeit wirkend. Somit hat Khalil Gibran recht, wenn er sagt: „Die Liebe verbindet die Gegenwart mit Vergangenheit und Zukunft."

Wenn wir in diesem Buch fragen, wofür es sich angesichts der Vergänglichkeit zu leben lohnt, dann kann es darauf nur eine Antwort geben: um zu lieben. Nur die Liebe zeigt uns die Schönheit des Lebens; nur sie hilft uns, unser Dasein zu verstehen und somit die drei Grundfragen, die uns alle betreffen, zu beantworten:

1) Woher kommen wir? Aus der Liebe.
2) Warum sind wir überhaupt hier? Um zu lieben.
3) Wohin gehen wir? In die Liebe.

Egal, welchem Glauben man angehört – man wird den dritten Punkt stets unter religiösen Gesichtspunkten verstehen. Und da das Wort *Religion* mit *Rückbindung* übersetzt wird, findet sich auch hier die Liebe. Denn Liebe ohne Bindung gibt es nicht. Selbst die sogenannte *freie Liebe* bindet sich – zumindest an die Vorstellung, dass sie möglich sei.

Menschen sind, egal ob sie leben oder schon gestorben sind, immer aufeinander bezogen. Menschliches Dasein ohne irgendeinen gegenseitigen Bezug ist schlichtweg undenkbar. Auch der Eremit, der die menschliche Gesellschaft meidet, hat einen Bezug zu anderen, z. B. zu seinen Eltern, ohne die er nicht existieren würde.

Wenn wir auf dem Sterbebett gefragt würden: *Was hast du aus deinem Leben gemacht?* – was würden wir dann antworten? Vielleicht würden wir zunächst einmal verstehen, dass das Leben nicht uns gehört, sondern dass nun der Zeitpunkt gekommen ist, es zurückzugeben. Die Restlaufzeit, die mit unserer Geburt einsetzte, ist nun um. Wir würden vielleicht auch begreifen, dass uns unser Leben anvertraut wurde und dass wir dieses in uns gesetzte Vertrauen hoffentlich erfüllt haben. Aber was sollen wir nun auf die oben gestellte Frage aller Fragen antworten? *Ich habe während meiner Lebenszeit acht Autos besessen, bin 30-mal in den Urlaub gefahren und habe auf meinem Konto die Summe von XY angespart? Andere würden vielleicht sagen: Ich habe 15 Bauwerke errichtet, von denen ein jedes in die Architekturgeschichte eingegangen ist.* Wieder andere meinen möglicherweise, dass sie herrliche Romanliteratur geschrieben haben, die vielen Menschen Freude bereitete und dass es gerade das ist, was sie aus ihrem Leben gemacht haben. Ein jeder wird auf diese Frage eine Antwort wissen, doch nicht jeder wird mit ihr zufrieden sein, weil er mit einem Mal versteht, dass er hätte mehr tun müssen; mehr freilich nicht im quantitativen, sondern im qualitativen Sinne.

Was hast du aus deinem Leben gemacht? Ich habe geliebt! Wäre dies nicht die Antwort aller Antworten? *Ja, ich habe geliebt!* Wie anders hörte sich dies an im Vergleich zu Sätzen wie: Ich habe acht Schlachten geschlagen, von denen ich fünf gewonnen und drei verloren habe. *Zeit ist Geduld der Liebe*, sagte der Philosoph Ferdinand Ullrich. Es ist einer der schönsten und tiefsten Sätze, die ich je vernommen habe. Ebenso wie jener des Kirchenvaters Augustinus, der sagt: *Die Liebe tötet, was wir waren, auf dass wir werden, was wir nicht waren*. Werden wir hier nicht erneut auf die unlösbare Verbindung von Eros und Thanatos hingewiesen? Und deshalb bekenne ich: Ich habe geliebt, ich liebe und ich werde so lange lieben, bis … Ich liebe die Welt, das Leben, die Menschen, die Tiere, den Nächsten wie den Fernsten. Und ich hoffe, dass ich in der Liebe immer wieder sterben kann, auf dass ich stets das werde, was ich noch nicht war …
Damit kann ich heiter gestimmt konstatieren: Langweilig wird es bestimmt nicht! Sondern spannend und aufregend! Mein wildes Herz freut sich auf das, was kommen mag …

ANREGUNG 24

WAS: *Liebe ist stärker als der Tod. Sie ist die Summe unseres Lebens. Und sie ist der einzige Grund, weshalb es sich überhaupt zu leben lohnt. Mit Liebe ist aber nicht unbedingt die klassische zwischen zwei Menschen gemeint, Liebe kann sich auch überpersönlich entfalten, indem man z. B. alle Menschen liebt oder eine Gruppe oder diejenigen, die einem anvertraut sind. Hierin steckt das Wort vertrauen. Das hat mit sich trauen und natürlich auch mit Trauung zu tun. Aus diesem Grund ist die Hochzeit offenbar auch eine höchst romantische Angelegenheit, in der die Brautleute* *für einen kurzen Moment spüren, wie das „Amor vincit omnia“ aussehen könnte. Sie ahnen, in welch übernatürliche Dimension sie nun eintreten können – und doch wird in nicht wenigen Fällen das Ja-Wort am Alltag und den falschen Vorstellungen, deren Grund die Gier nach (noch mehr) Leben ist, scheitern. Und wenn wir dann eines Tages zurückblicken und uns fragen, was denn nun eigentlich der Sinn der vergangenen 80 oder 90 Jahre war, werden wir merken, dass es tatsächlich so ist: Die Summe unseres Lebens sind die Stunden, in denen wir liebten. Hier erfuhren wir den Sinn des Daseins. Hier waren wir glücklich. Hier wurden wir eins. Hier wurden wir mehr, als wir zu sein glaubten. Hier fanden wir Erfüllung. Hier fanden wir DAS LEBEN…*

a) Ich werde lieben, egal was geschieht, bis zum letzten Schlag meines Herzens. Und solange ich das Leben in mir spüre, will ich ein PARTISAN DER LIEBE sein.

Der Ausdruck „Partisan der Liebe“ stammt von Otto Mainzer, jenem Schriftsteller, über den ich zu Beginn dieses Buches schrieb. Als er gestorben war, besprach ich mit seiner Witwe, Ilse Wunsch-Mainzer, die Möglichkeit, ihn in einer Biografie weiterleben zu lassen. Sie willigte ein und schrieb ein Werk über beider Liebe und Leben, das den Titel „Zurück nach vorn – Mein Leben mit Prometheus“ trägt. Es erschien an ihrem 86. Geburtstag und endet mit den Worten: „Was war mein Leben, was hielt mich am Leben, den Tragödien, Missgeschicken, meinen Fehlleistungen zum Trotz? Die Musik war es, und die Liebe. Wissen wir es denn nicht alle? Leben = Lieben. Die Sprache allein schon suggeriert es. Ohne Liebe kein eigentliches Leben. Verlust der Liebe kann nur mit Liebe in anderer Form gemildert werden.
Mich ruft das getreue Matterhorn –
Die Bergstiefel stehen schon bereit.“

Darum geht es also im Leben: die Vergänglichkeit durch die Liebe zu überwinden und die Fülle des Lebens zu erfahren. Tod, im Sinne des absoluten Nichts, kann es nicht geben. Denn selbst wenn wir nicht mehr existierten oder die Erde oder die Sonne, so gibt es immer noch das Universum, in dem sich Atome, chemische Elemente und Sternenstaub unablässig tummeln. Sterne entstehen, Sterne vergehen, Planeten, Monde, Sonnen, Universen, Multiversen, Raumzeit etc. etc. – alles, was ist, ist in Bewegung. Und *Sein ist Leben als Bewegung*, Stillstand ist Tod. Da aber nichts stillsteht und auch niemals stillstehen wird, muss uns nicht bange sein. Die Vergänglichkeit vergeht selbst – und offenbart das Leben an sich. Es beginnt nicht und es endet nicht. Es ist kein Traum und keine Wirklichkeit. Es ist und es ist nicht. Wir sollen es leben. Wir können es verstehen. Wir dürfen es lieben.

Wir lieben das Leben, weil wir wissen, dass wir es nicht besitzen. Wir haben es lediglich geleast. Aus diesem Grund und (siehe Kapitel 4 „Die Weisheit der Palme") weil es unsinnig ist, etwas zu behalten, ist die Bereitschaft zur Organspende die praktische Konsequenz aus den Überlegungen, die ich in diesem Buch angestellt habe. Wer das, was auf diesen Seiten gesagt wurde, verinnerlicht, wird hoffentlich letztlich gar nicht anders können, als aus Nächstenliebe und Liebe zum Leben zum Organspender zu werden. Wir geben unserem Leben dadurch jenen Sinn, den es benötigt, um später als ein geglücktes angesehen zu werden. Wenn ich mich verpflichte, dass nach meinem Tod meine Organe, so sie tauglich sind, an jene Mitmenschen gegeben werden, die ihrer bedürfen, helfe ich ihnen nicht nur, sondern werde selbst sogar in gewissem Maße unsterblich. Weshalb? Nehmen wir an, jemand, der ein Organ von mir erhalten hat, stirbt, obwohl mein Organ gut bei ihm „funktioniert" hat. Die Todesursache kann ja auch eine ganz andere sein. Nun ist auch er Organspender. Ist das Organ, das er von mir erhalten hat, noch gesund, kann es einem anderen, der es benötigt, eingepflanzt werden. Falls nicht, wird es entsorgt; da aber ein anderes Organ des Spenders dem neuen Empfänger eingesetzt wird, das mit dem meinen bislang „zusammengearbeitet" hat, lebt auch in ihm etwas von mir weiter.

Man kann diesen Gedankengang, der meines Erachtens auch für die Angehörigen eines verstorbenen Spenders mehr als tröstlich ist (denn im Empfänger „lebt" der Verstorbene ja irgendwie weiter) ad infinitum fortsetzen. Damit kommt man zu dem Schluss, dass wir alle, die wir ohnedies schon in einer ganz tiefen Schicht unseres Bewusstseins miteinander verbunden sind, nunmehr auch organisch eins werden. Ganz idealistisch betrachtet, könnte dies sogar der Beginn des Zeitalters des globalen Friedens werden – Durch die Organspende schlagen wir ein gänzlich neues Kapitel in der Menschheitsgeschichte auf (man könnte das natürlich auch vom Klonen behaupten, aber dies erscheint nicht nur mir ethisch äußerst bedenklich). Die Organspende ist der erste Schritt zu einer neuen Mitmenschlichkeit, zu einer neuen Lebensqualität, zur Überwindung der Angst vor dem Tod, zu einer Selbstverständlichkeit des Gebens und Nehmens. Mit ihr überlebt das Leben – und deshalb überleben auch wir.

Als mein Vater, dem ich dieses Buch gewidmet habe, gestorben war, fragten die Ärzte, ob wir als Familie damit einverstanden wären, dass seine Organe entnommen und möglichen Empfängern eingesetzt würden. Damals, noch unter dem Schock des unerwarteten Todes stehend, verweigerten wir uns der Bitte. Heute, mehr als zwei Jahrzehnte später und über ein gänzlich anderes Bewusstsein verfügend, bedauern wir zutiefst, dass wir damals nicht zugestimmt haben. Aber gerade dadurch kann ich heute sagen:

b) Ich werde – weil ich mit allen Menschen verbunden bin – stets einen Organspendeausweis bei mir tragen. Auf diese Weise kann ich nicht nur bis zu sieben Menschen helfen, ihr Leben zu bewahren, sondern etwas von mir lebt nach meinem Tod weiter. Und wenn auch der, der meine Spende empfangen hat, zum Organspender wird, lebt in der nächsten Person wieder etwas von mir weiter. Und in der übernächsten ebenso und in der überübernächsten genauso – bis in alle Ewigkeit …

WIE: *Es gibt zu den Punkten a und b nicht mehr allzu viel zu sagen, außer dass die Organspende (auch und vor allem die postmortale) der vielleicht höchste Akt der Nächstenliebe ist. Das aber kann man nicht wirklich üben, sondern muss es tun bzw. veranlassen. Ich kann nur hoffen, dass alle Leser dieses Buches das WARUM nunmehr verstehen und dass sie DAS LETZTE MAL von jetzt an als höchsten Ausdruck von Freiheit erkennen.*

ANSTELLE EINES NACHWORTS

Nichts bleibt, wie es ist.
Nichts ist, wie es scheint.
Alles hat seine Zeit.
Ein jegliches hat seine Zeit.

Die Kostbarkeit des Augenblicks einfangen
im Herzen, in der Seele, in einem Kunstwerk.

Ein jedes Leben ist einzigartig –
wie unser Gesicht,
das es nur ein einziges Mal
auf der Welt gibt.

Nichts wird so sein wie es war –
doch es wird anders sein –
und deshalb gut.

Es gibt für alles ein erstes
und deshalb auch ein letztes Mal.
Der Unterschied:
Beim ersten Mal wissen wir es,
beim letzten Mal nicht.
Doch was wäre, wenn wir es wüssten?

Ich finde die Wahrheit in meinem Leben
und verwirkliche sie.

Alles, was sich in unserem Dasein ereignet,
jeder, der uns in unserem Leben begegnet, ist einmalig.
Darum sollten wir allem und allen mit Freude begegnen
– wie ein Kind.

Nichts endet,
es verwandelt sich nur –
deshalb: Sei ohne Sorge.

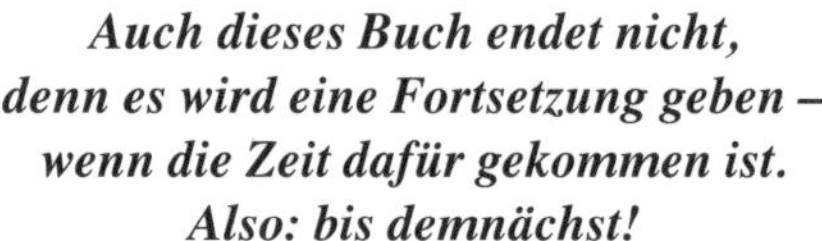

Auch dieses Buch endet nicht,
denn es wird eine Fortsetzung geben –
wenn die Zeit dafür gekommen ist.
Also: bis demnächst!

P. S. Und sollten Sie Dessous verschenken bzw. geschenkt bekommen (siehe Kapitel 1), lassen Sie diese bitte nicht in der Schublade liegen. Gleich an- bzw. ausprobieren! Das Leben will es so. Wer weiß, wie lange Sie dafür noch Zeit haben …

P. P. S. Und vergessen Sie bitte nicht, den Organspendeausweis auszufüllen. Sie finden ihn nach den nächsten Seiten.

ANHANG
DIE 24 ANREGUNGEN FÜR DAS BEWUSSTSEIN

1) Ich verstehe die Einmaligkeit meines jetzigen Daseins und freue mich deshalb an jedem Tag.

2) Ich lebe so, als wäre heute mein letzter Tag auf Erden.

3) Ich darf leben. Das ist mir stets bewusst. Deshalb ist mein Leben schön. Ich lebe, weil ich geliebt werde.

4) Ich verbinde mich mit allem, was ist, und werde auf diese Weise ein Teil von ihm.

5) Ich schreite auf meiner Lebenslinie voran – überzeugt davon, dass ich jeden Augenblick genießen darf. Nichts bereitet mir Sorgen. Ich fühle mich beschützt.

6) Ich verlagere alles, was ich als negativ empfinde, in die Zukunft. Dadurch verliert es seinen Schrecken und wird in den Weiten des Alls verloren gehen.

7) Ich fürchte den Tod nicht, denn ich weiß, dass er nicht die Alternative zum Leben ist, sondern dessen Form und Ziel, damit Neues entstehen kann.

8) Hiersein ist herrlich; ich will so viel wie möglich erfahren.

9) Ich freue mich darüber, dass nichts bleibt, wie es ist. Denn dadurch eröffnen sich mir ständig neue Horizonte.

10) Ich weiß zwar um mein Ende, lasse aber mein Leben lachen.

11) Ich denke, bevor ich handle, und ich denke daran, dass dies meine letzte Handlung sein könnte.

12) Ich bin mir bewusst, dass es für jede Handlung ein erstes und ein letztes Mal gibt.

13) Ich will mein Dasein so gestalten, dass ich stets daran denke, wie wertvoll mir ein jeder Mensch ist.

14) Ich ahne, worum es im Leben geht, und werde mein Handeln danach ausrichten.

15) Ich entdecke meine Fähigkeiten und versuche, durch sie mein Umfeld zu verbessern.

16) Ich muss nicht auf eine jenseitige Welt warten, sondern kann mein Dasein hier zur Erfüllung bringen.

17) Ich habe keine Furcht vor dem Leben, ich kenne keine Angst vor dem Tod.

18) Je mehr Achtsamkeit ich ausübe, umso mehr liebe ich die Menschen; dadurch werden auch sie mich achten und lieben.

19) Ich vereine mich mit der Natur und entdecke in ihr alles, was ich vermisst habe. Ich werde eins mit ihr und bin glücklich.

20) Ich lerne, dass das, was ich über den Tod weiß, Einfluss auf mein Leben hat.

21) Ich will mich ohne Angst den Wundern des Lebens und des Todes öffnen.

22) Ich werde für alles, was sich ereignet, dankbar sein. „Wunder" geschehen jeden Tag.

23) Der Mut, das Leben zu wagen, wohnt in mir. Er ist stärker als alles, was ihn bedroht.

24) a) Ich werde lieben, egal, was geschieht, bis zum letzten Schlag meines Herzens. Und solange ich das Leben in mir spüre, will ich ein PARTISAN DER LIEBE sein.

b) Ich werde, weil ich mit allen Menschen verbunden bin, stets einen Organspendeausweis bei mir tragen. Auf diese Weise kann ich nicht nur bis zu sieben Menschen helfen, ihr Leben zu bewahren, sondern etwas von mir lebt nach meinem Tod weiter. Und wenn auch der, der meine Spende empfangen hat, zum Organspender wird, lebt in der nächsten Person wieder etwas von mir weiter. Und in der übernächsten ebenso und in der überübernächsten genauso – bis in alle Ewigkeit …

UND GANZ ZUM SCHLUSS

(…ES KÖNNTE AUCH EIN ANFANG SEIN…)

„Man wird dich kritisieren, schlecht über dich sprechen, und es wird schwer sein, jemanden zu finden, der dich akzeptiert, so wie du bist. Deshalb: Lebe und folge dem, was dein Herz dir sagt. Das Dasein gleicht einem Theaterstück, doch es kennt keine Proben. Darum singe, tanze, lache und vollbringe jeden Tag achtsam, bevor sich der Vorhang schließt und das Stück ohne Applaus zu Ende geht."

(Quelle unsicher, Charlie Chaplin zugeschrieben)

Hinweis: Wenn Sie die beiden Seiten des Organspendeausweises kopieren, zusammenfügen und stets mit sich tragen, dann geht Ihr Theaterstück ganz gewiss mit großem Applaus zu Ende …

ORGANSPENDEN-AUSWEIS

Organspendeausweis

____
Name, Vorname

____
Geburtsdatum

____
Straße

____
PLZ, Wohnort

Für den Fall, dass **nach meinem Tod** eine **Spende von Organen/Geweben zur Transplantation** in Frage kommt, erkläre ich:

❑ **JA,** ich gestatte, dass nach der ärztlichen Feststellung meines Todes meinem Körper Organe und Gewebe entnommen werden.

oder: ❑ **JA,** ich gestatte dies, mit Ausnahme folgender Organe/Gewebe:

____

oder: ❑ **JA,** ich gestatte dies, jedoch nur für folgende Organe/Gewebe:

____

oder: ❑ **NEIN,** ich widerspreche einer Entnahme von Organen oder Geweben.

oder: ❑ Über **JA** oder **NEIN** soll dann folgende Person entscheiden:

____
Name, Vorname *Telefon*

____
Straße *PLZ, Wohnort*

____
Datum *Unterschrift*

DANK

Für den Fall, dass ich mein irdisches Dasein „vor der Erdbeerzeit“ (wie es in einem Lied von Reinhard Mey heißt) beende bzw. bevor ich die 33 Sommer (oder vielleicht sogar mehr), von denen ich eingangs schrieb, vollendet habe, sei folgenden Begleitern meines Lebensweges namentlich herzlich dafür gedankt, dass ich durch ihren Einfluss auf mein Dasein zu dem erwachsen konnte, der diese Worte zum gegenwärtigen Zeitpunkt schreibt. Ich bin mir bewusst, dass dies wie eine finale Bilanz klingt, aber eine solche ist damit nicht beabsichtigt. Ich möchte lediglich einen „Zwischenstand“ abliefern, eine Reflexion über jene Menschen, die mich bis zu diesem Zeitpunkt begleiteten und begleiten. Und ich hoffe, dass sie es weiter tun werden und dass vielleicht einige mir noch nicht bekannte hinzukommen werden.

Meinen ***Großeltern väterlicherseits*** sei dafür gedankt, dass ich durch sie erfahren durfte, was Bekennermut und Widerstand bedeuten.

Meinen ***Großeltern mütterlicherseits*** sei für ihre liebende Fürsorge in jenen Tagen gedankt, da ich ein Kind war.

Meinem ***Vater*** sei dafür gedankt, dass ich das Eintreten für die Gerechtigkeit von ihm ererbte, meiner ***Mutter*** dafür, dass sie mich lehrte, die gute Seite im Menschen stets der negativen vorzuziehen – und natürlich für ihr unablässiges Engagement, mich mit den musischen Seiten des Lebens vertraut zu machen.

Meiner ***Schwester und ihrer Familie*** sei dafür gedankt, dass ich stets bei ihr Zuflucht finden werde können – was auch geschehen mag.

Hans Heißner: Er lehrte mich, dass das Auf-der-Bühne-Stehen nicht gleichbedeutend damit ist, ein Star zu sein, sondern dass gerade derjenige, der im Leben kein Star ist, auf der Bühne einer werden kann.

Albert von Schirnding: Ohne Dich wäre mein Blick auf die Welt ein gänzlich anderer geworden.

Erwin und Ingwelde Schumacher: Sie vertieften mein Verständnis für Literatur und gaben mir die ersten Möglichkeiten, meine Anliegen einem breiteren Publikum vorzutragen.

Rudolf Sturm: Er war der Erste, der meinen literarischen Fähigkeiten vertraute und mich ermunterte, diesen Weg weiterzubeschreiten.

Gottfried Honnefelder: Sie waren gleich danach der Zweite, der dies tat. Danke für Ihr Vertrauen.

Otto und Ilse Mainzer: Durch beide erfuhr ich, was das Emigrationsschicksal bedeutete. Und ich lernte, dass man seine Ziele nie aus dem Auge verlieren darf.

Frank Glanz: Deine Bilder vermitteln mir eine ganz besondere Sicht der Welt, wodurch sie meinen Blick weiten. Merci!

Hansi Schmidtlein: Die Maistraße war der Beginn der Freiheit – danke dafür!

Peter („Li“) Schmid: Danke für die glückliche, unbekümmerte, künstlerische Zeit bei „Millefiori“.

Hans C. Rademacher: Dass das Wort die Heimat ist, lernte ich bei Dir! Diese Überzeugung trägt mich bis heute.

Professorenkollegium der Hochschule für Philosophie: Ihm bin ich zu Dank verpflichtet, denn bei ihnen und durch sie lernte ich, was Denken wirklich bedeutet und wie es zum Positiven hin einzusetzen ist.

Prof. Ferdinand Ulrich: Sie prägten mein Innerstes wie kein Zweiter – und Ihre narrative Philosophie begleitet mich bis heute. Ich danke Ihnen, dass Sie mir all dies vermittelt haben.

Klaus Eck: Danke für das Vertrauen, das Sie in mich gesetzt haben. Einmal sagten Sie, Sie hätten mich erfunden. Ich hoffe, Ihre Erfindung bereitet Ihnen nach wie vor Freude …

Christian Kellerer und Marylka Bender: Beide waren (bzw. sind) für meine Lebenseinstellung maßgeblich und die Gespräche und die Arbeit mit ihnen eröffneten mir gänzlich neue Horizonte.

Michael Lukas Moeller: Da die Liebe ein Kind der Freiheit ist, wussten wir beide, was uns verband.

Hanns Menninger: Er gab mir die Chance zu meiner Fernseh„karriere“ und zeigte mir, wie wichtig die innere Verbindung ist.

Seo Yoon-Nam („Meister Seo“): Durch Sie lernte ich nicht nur meinen Körper und meinen Geist zu beherrschen, sondern auch, wie wichtig Demut und Bescheidenheit sind.

Tom Berner: Danke für die heiteren, unbeschwerten Jugendjahre und die künstlerischen Freuden.

Florian Schuster-Böckler: Durch Dich begann ganz unerwartet mein Dasein als Fotokünstler! Dafür danke ich Dir und natürlich für die Zeiten am Fluss.

Gert Fischer: Danke für die Zeit der Reife und vor allem die erste Reise zum Selbst.

Anton Huber: Danke für die langen Gespräche, die uns zur Tiefe des Seins brachten.

John T. Ratekin („The Dreammaker“): Danke für die Erweckung des Künstlers in mir. „Love's children will come tomorrow to fulfill yesterday's promises.“

Keir Dullea: Bei Dir lernte ich, dass man auch bei der „Odyssee 2001“ ganz normale Menschen findet, mit denen man absichtslos befreundet sein kann.

Kristian Schultze: Danke für das Zutrauen in meine musikalischen Fähigkeiten.

Michael Görden: Danke für die vielen Jahre gemeinsamer Kreativität und die Hinführung zu jener Welt, die nicht allen offensteht. Die Macht der Mythen im Alltag verbindet uns noch immer.

Raimondo della Torre e Tasso: Danke für die Aufnahme im Herzen der europäischen Kultur und die vielen langen Spaziergänge und Gespräche zur Ergründung des Seins.

Axel Rötzer-Reil: Danke für das Vertrauen, das Du in mich beim Projekt INRI bzw. 33AD gesetzt hast – und dafür, dass Du mein Handeln stets verstehst.

Hermann Teusch: Ohne Dich hätte ich Menschen, die für mein Leben enorm wichtig wurden, nicht kennengelernt. Ich hoffe, dass auch ich Dir Gutes habe tun können.

Thomas Montasser: Wie schön, dass es jemanden gibt, der genauso denkt wie ich und mich deshalb besser versteht wie manch anderer.

Roman Hocke: In den Ländern, in denen wir uns trafen, waren wir stets kreativ und voller Freude über das, was uns verbindet: die Liebe zum Fantastischen.

Constantin von Barloewen: Danke für das heitere Spiel mit der Sprache, das unsere Seelen froh machte.

Alexander Ruedell: Durch Dich erfuhr ich Freiheit und einen Teil der Welt, der mir fast zur Heimat wurde. Danke für Deine Großzügigkeit.

Lars Cassio Karbe: Er hat mir gezeigt, dass der Geist nie zu vernachlässigen ist und dass es der Blickwinkel ist, der einen befähigt, Besonderes zu entdecken und zu tun.

Wolfgang Eckstein: Keiner hat mein inneres Wesen so gut erkannt und so schön beschrieben wie Du! Und ich kenne niemanden, der so positiv denkt. Du bist mir ein Vorbild!

Thomas Gossner: Wie gut, dass Du mich gelegentlich auf die Erde zurückholst – und das noch mit einem ganz besonderem Humor und Sprachwitz!

Andreas von Schorlemer: Ohne Dich wäre meine literarische „Karriere“ indirekt nicht möglich gewesen. Und dass ich Dich jetzt wiedergetroffen habe, erfüllt mich mit Freude.

Gerd Giesler: Mit Dir unternahm ich in den letzten 20 Jahren weit über 100 Reisen. Danke, dass Du mich die Schönheit dieser Welt und ihre besten Seiten entdecken ließest.

Hans Kruppa: Danke für die endlosen Gespräche, die uns zur Poesie des Seins trugen.

Armin R. Kitzmann: Ihr unermüdliches Eintreten für die Gerechtigkeit und Ihr nie nachlassender Forschergeist waren und sind mir ein Vorbild.

Andreas Weinek: Danke für die Beharrlichkeit, meine öffentliche Präsenz zu unterstützen. Und danke für die Verbundenheit, wie man sie nur erlebt, wenn man „aus demselben Stall“ ist.

Lama Ole Nydahl: Danke, dass Du mich in das Geheimnis des bewussten Sterbens einführtest, wodurch ich zu einem noch bewussteren Leben gelangte.

Brigitte Berger: „Es gibt so viel tiefe Beziehungen in unserm Leben, die uns tragen." Ich bin stolz, dass ich zu Deinem Glück beitragen durfte.

Sybille Terrahe: Du hast mir ein Tor geöffnet, durch das ich trat. Bis heute bin ich dort zu Hause. Danke für immer.

Karin Stuhldreier: „Trotzdem" – wird uns immer verbinden. Danke für Dein grandioses Gespür ...

Ellen Schuster-Böckler: Wir gingen mitten durch die Saat und waren endlos Menschenkinder. Wir waren Gäste für zwei Sommer.

Astrid Mahlke: Sie waren zwei. Sie suchten: sich. Und drangen ineinander ein. Da starb das Du, da starb das Ich. Da schwand das Mein und schwand das Dein. Und jeder fühlte nicht mehr seins. Sie waren zwei. Sie wurden eins.

Laura Colan: In golden down we'll melt again, and our love will glitter in the gloom. And our pleasures' tears will rain, that love flowers will be in full bloom.

Michelle „Blanche" Glass: Wherever you are today, whatever time has brought you – your short visit in my life will remain unforgettable.

Nadine Lange-Siemens: Danke für die unvergessliche Zeit in jenen Gefilden, die dem Ursprung so nahe sind. Und für den Weg, den ich durch diese gehen durfte.

Celi Barbier: Le soir s'etoile. Où est mon ciel, demande L'Ange. Là, où est Celi, chuchotte la Lune.

Regina Bouga: So unerschütterlich positiv wie Du ist kaum einer auf Erden. Danke für Deine jahrzehntelange Freundschaft und Deinen positiven Einfluss auf meinen Körper und meinen Geist.

Monika Elsner: Am Strand wirst Du es finden, das alten Wehn vom Meer. Sein Geist wird mit dem Deinen sich verbinden. Leicht zu sein ist nicht mehr schwer.

Susanne Späh: Farbwege – verschlungen. Seelenwege – im Licht. An der Kreuzung wartet ein Fluss. Er weint. Lacht. Wächst bleibend über sich selbst hinaus.

Eleonora von Poschinger: Der Atem des Lebens weht in der Farbe und im Wort. Danke für die Welt der Bildersprache.

Astrid Forbes: Auch wenn uns meist ein Ozean trennt, weiß ich um Deine tiefe Freundschaft und hoffe, dass sich dies bei Dir ebenso verhält.

Bruni Samblowski: Seelenträume/Körperwege/Das Ich wird eins mit seinem Selbst/Nur der Tanz bewegt den Tag/Nur der Schritt die Nacht. Danke für die fließenden Harmonien und das Gleichgewicht.

Karin Dietl-Wichmann: Werden wir einst es wagen, zueinander zu erwachsen? Werden wir einst es wagen, zueinander zu erstehen?

Caerstin Massenbach: Wenn das Ganze mehr ist als die Summe seiner Teile, wenn sich das Jahr zum Sommer öffnet, wenn der Speer die Wunde schließt, dann werden wir das Unbekannte betreten. Ja, dann.

Birgit Schultze: „Auf dem Gesicht der Welt klebt ein Pflaster: Dein Wort..."

Penny McLean: Danke für jene andere Dimension, die ich ohne Dich nie kennengelernt hätte. Dort wird alles gut.

Christine von der Pahlen: Jeder ein Meer, jeder ein Kind, jeder ein Gruß, jeder ein Wind. Komm, zieh die Traumschuhe an und lass uns tanzen.

Andrea Dohm: Deine ganzheitliche Heilkunst macht mich wieder ganz und heil! Mein tiefer Dank für all die Jahre der Fürsorge.

Yvonne Ginther: Du hast mir gezeigt, was es heißt, das große Wasser zu durchqueren. Und wie man sein Schicksal ertragen und gestalten kann.

Beate Kuckertz: Gleich zweimal hast Du mein Dasein in die entscheidende Richtung gelenkt. Ich schulde Dir großen Dank.

Franziska Meyer-Price: Ich bin nicht, was ich habe. Und hab Dich doch und bin. Und bin ich für Dich die Gabe, bist Du, da ich bin.

Caren Pfleger: Die sieben Säulen der Schönheit zeigtest Du der Welt. Ich durfte sie auch sehen. Dafür danke ich Dir.

Luise Rinser: Danke für die tiefen Gespräche, die uns während der gemeinsamen Arbeit dorthin führten, wo die Reinheit des Geistes mit der Ekstase desselben eins ist.

Figen Barten: Bei Dir erfuhr ich, was Energien sind und wie man sie erspürt, erfühlt, erkennt. Dein Lachen ist das Schönste, das ich kenne.

Neizen: Nineteen were the years, nineteen were the heavens – since the beginning on September twentyseventh. Rich was the time, rich was the action. It led us to life's satisfaction. Now there's no future and no more enlightment. There is no harvest and no more exitement. Our souls do not fly anymore without any endeavour, because our unity is broken forever.

Dennoch machte ich gerade hier die tiefe existenzialistische Erfahrung, dass in der Liebe nichts ist, wie es scheint, und nichts bleibt, wie es ist.

Oder wie es im Gedicht von H. W. Auden heißt: I thougt that love would last forever. I was wrong. Im Exkurs „Die Liebe in der Spannung von Endlichkeit und Unendlichkeit" habe ich dies beschrieben.

Mögen die noch Lebenden von den hier Bedankten sich ebenfalls dazu entschließen, ihrem Dasein eine ganz besondere Bedeutung zu geben, indem sie Organspender werden. Wer weiß, vielleicht treffen wir uns ja dereinst in einem Empfänger wieder ...

Ein ganz spezieller Dank gilt zudem den vierbeinigen Begleitern meines Lebens: ***Felix, Flores, Marie, Rimsky, Carioka, Anushka, Sissi und Lillo,*** und meinem zweibeinigen Freund ***Petros I.***, jenem legendäre Pelikan, der meine Zeit in Griechenland vertiefte. Ihr habt mich das wahre Wesen von Freundschaft und Treue gelehrt. Schade, dass ihr nur so kurze Zeit bei mir ward. Aber vielleicht gibt es ja auch hier ein Wiedersehen, wer vermag das schon zu wissen ... Ich möchte es jedenfalls hoffen und freue mich auf eure schnabelklappernde und schwanzwedelnde Begrüßung ...

Gerne können Sie die Erlebnisse, die Sie aus den Anregungen des Buches gewinnen konnten, mit der Leserschaft teilen. Besuchen Sie unsere Fangruppe auf Momanda: www.das-letzte-mal.momanda.de. Dort steht Ihnen das Forum für den Austausch zu den einzelnen Anregungen zur Verfügung. Außerdem finden Sie auf dieser Seite sieben geführte Meditationen sowie einen Organspendeausweis zum Download. Wir freuen und auf Ihren Beitrag und hoffen, dass er nicht der letzte sein wird..."

IMPRESSUM:

Verlagsgruppe Random House FSC®N001967
Das für dieses Buch verwendete FSC®-zertifizierte Papier Munkenpremium Cream liefert Arctic Paper Munkedals AB, Schweden.

Projektleitung: Nikola Hirmer
Redaktion: Angela Hermann-Heene, Taufkirchen
Satz & Layout: Christian Martin Weiss
Korrektorat: Susanne Schneider
Umschlaggestaltung und Konzeption: Geviert – Büro für Kommunikationsdesign München
Bildnachweis:
Alle Bilder in diesem Buch stammen von Christian Martin Weiss
Druck & Bindung: CPI – Ebner & Spiegel, Ulm
Printed in Germany

ISBN 978-3-424-15244-9

1. Auflage 2014